« Les forêts t'apprendront plus que les livres.
Les arbres et les rochers t'enseigneront des choses
que ne t'enseigneront pas les maîtres de la science. »

§ Saint Bernard, XIIe siècle

" Je zal meer van bossen leren dan uit boeken.
De bomen en de rotsen zullen dingen leren die
de meesters in de wetenschap niet zullen leren."

§ Sint Bernard, XII^{de} eeuw

„ Von Wäldern lernt man mehr als aus Büchern.
Bäume und Gesteine lehren dich Dinge, was selbst
die Meister der Weisheit nicht vermögen."

§ St. Bernard, XII. jahrhundert

© Tournesol Conseils SA
Éditions Luc Pire / Luc Pire Uitgeverij
Quai aux Pierres de Taille 37/39 Aarduinkaai
Bruxelles 1000 Brussel
www.lucpire.be
editions@lucpire.be

© 2004 bei GEV (Grenz-Echo Verlag), Eupen (B)
für die deutsche Ausgabe
www.gev.be
buchverlag@grenzecho.be

Alle Rechte vorbehalten

Ohne ausdrückliche Genehmigung des Verlages
ist es nicht gestattet, diese Publikation oder Teile
daraus auf fotomechanischem (Druck, Fotokopie,
Mikrofilm usw.) oder elektronischem Weg zu
vervielfältigen, zu veröffentlichen oder zu speichern.

Art Director _ Carol Sacré

Editing _ Bernard Derenne

Corrections des images _ Yves Dethier

Layout _ Aplanos

Vertaler _ Negin Katami

Übersetzung aus dem Französischen
GEV (Grenz-Echo Verlag), Eupen

Druck und Bindung
Druckerei Grenz-Echo
Vervierser Straße 97 rue de Verviers
4700 Eupen (B)
www.grenzecho.be

FR D/6840/2004/38 – ISBN 2-87415-408-3
D   D/2004/3071/13 – ISBN 90-5433-198-4
NL D/6840/2004/85 – ISBN 2-87415-408-5

Printed in Belgium

Les photos de ce livre sont diffusées par l'agence Reporters
De foto's in het boek zijn verspreid door persagentschap Reporters
Die Fotos aus diesem Buch werden von der Agentur Reporters vertrieben

www.reporters.be

Merci aux 50 débardeurs photographiés,
qui généreusement m'ont accueilli dans leur intimité
qu'est la forêt, ce refuge laborieux, où ils passent
en privé la plupart de leur temps. Entre les arbres,
les respirations du cheval, les crépitements du feu,
le rythme régulier de la frondaison, du vent
et du soleil, leur hospitalité était un cadeau.

Met dank aan de 50 gefotografeerde bosslepers
die me steeds warm verwelkomd hebben in hun intieme
omgeving: het bos. Voor hen is het bos een toevlucht –
soord waar ze werken maar waar ze ook het meest
van hun privétijd doorbrengen. Tussen de bomen,
waar het paard zweette, waar het vuur knetterde,
waar het ritme van de bladeren, de wind en de zon
met regelmaat veranderde en daar was hun gast vrijheid
en geschenk op aarde.

Danke den 50 fotografierten Holzrückern,
die mich gerne in ihr Refugium – in ihrem Wald –
aufgenommen haben, eine Zuflucht aktiver
Beschäftigung, die Stunden des Tages ausfüllt.
Das Leben unter Bäumen, der warme Dampf
aus den Pferdenüstern, das Flackern des Feuers,
der Waldgeruch, der Wind, die Sonnenstrahlen
und nicht zuletzt ihre Gastfreundschaft waren für mich
ein großes Geschenk!

Des hommes et des chevaux
LE DÉBARDAGE EN FORÊT ARDENNAISE

Mannen en paarden
DE BOSSLEPEN IN DE ARDENSE BOSSEN

Im Land der Kaltblüter
DIE HOLZRÜCKER IN DEN WÄLDERN DER ARDENNEN

Photographies_Fotos

Roger Job

Préface

Authentique, ce livre est la symbiose heureuse entre l'œil de l'artiste photographe et la plume fidèle du journaliste de grands reportages.

L'observation et l'écoute se mêlent à merveille à l'instantané du regard qui veut découvrir un milieu, une profession, qui veut apprécier une complicité dans le travail avec ce mystérieux cheval de trait.

Le développement rural s'articule autour des potentialités du terroir. Notre richesse existe bel et bien dans ce milieu naturel, proche des senteurs forestières et des sous-bois discrets. Cette discrétion, on la retrouve dans les visages de ces travailleurs courageux et indépendants qui maîtrisent l'art et la technique du débardage et du cheval. Un patrimoine inestimable que l'on aurait tort de sous-estimer, et qui fait cependant partie de l'essence même de notre culture.

Je suis toujours émerveillé de voir la qualité et le courage avec lesquels nos chevaux réalisent leurs exploits. Je ne puis m'empêcher de penser à l'avenir. Un avenir qui doit certes cheminer vers toutes les utilisations, sous une forme économique, rentable et réaliste. La naissance du poulain n'est pas une fin en soi… Après le débourrage, l'attelage de sport ou de tourisme, le débardage ou d'autres formes de services annexes permettent à nos chevaux et aussi à leurs meneurs de trouver là une issue favorable.

Entre l'avoine et les grands épicéas, que demain encore, dans nos forêts, nous puissions entendre le pas sourd des chevaux débusquer une partie des bois dans le respect de la nature et de la forêt.

Jacques Balon
Député permanent à l'agriculture
Président du Centre d'Économie Rural

Voorwoord

Een authentiek boek waarin het artistieke oog van de fotograaf een prachtige symbiose vormt met de trouwe pen van een journalist gespecialiseerde in grote reportages.

De observatie en het luisterend oor versmelten mooi in de fotografische blik, die ons een wereld, een beroep leert kennen waar de nauwe verstandhouding tussen arbeid en dit mysterieus trekpaard geapprecieerd wordt.

De landelijke ontwikkeling draait op de eerste plaats rond de mogelijkheden van ons erfgoed. Onze rijkdom zit weliswaar verscholen in deze natuur, in de discrete geuren van het bos en het hout. Deze bescheidenheid is terug te vinden in de gezichten van deze ruwe en onafhankelijke werkers die de eeuwenoude technieken rond het paard en de bosontginning onder de knie hebben. Dit erfgoed is niet te onderschatten en maakt deel uit van het hart van onze cultuur.

Ik bewonder steeds de kwaliteit en de moed met dewelke onze paarden hun werk verrichten. En ik kan het niet laten om aan onze toekomst te denken. Een toekomst die zeker zijn ontwikkeling moet zoeken in alle mogelijke toepassingen die economisch, rendabel en realistisch moeten blijven. De geboorte van het veulen is pas een begin… Na het afrijden, zit de toekomst van onze paarden en hun menners in toeristische en sportieve mogelijkheden naast de bosontginning en andere vormen van dienstverleningen.

Mijn wens is dat tussen het haver en de grote dennen, dat in onze wouden nog lang de zware stappen onze trekpaardenmogen weerklinken van en in dit een zoektocht naar een bos waarin de natuur nog met eerbied wordt behandeld.

Jacques Balon

Bestendig gedeputeerde aan de landbouw
Voorzitter van het "Centre d'Economie Rural"

Vorwort

Wirklich dieses Buch ist die glückliche Symbiose zwischen dem Künstlerauge des Fotografen und der um Objektivität bemühten Feder des Journalisten großer Reportagen.

Die Beobachtung und das aufmerksame Zuhören mischen sich ausgezeichnet mit dem neugierigen Blick, der ein Milieu, einen Beruf entdecken will, der die innige Verbundenheit in der Arbeit mit diesem mysteriösen Pferd zeigt.

Die technische Entwicklung stößt in dieser Gegend oft an Grenzen. Unser Reichtum existiert daher voll und ganz in diesem Naturmilieu, in der Nähe von Waldduft und verborgenem Unterholz. Die ganz spezielle Zusammengehörigkeit findet man in den Gesichtern der mutigen und selbstständigen Arbeiter, die die Kunst und Technik vom Holzrücken und Pferd beherrschen. Ein unschätzbares Vermögen, welches man zu Unrecht unterschätzt, das jedoch das Wesen unserer Kultur ausmacht.

Ich bin immer wieder erfreut, die Kraft und den Mut zu sehen, mit dem die Pferde ihr Kunststück verwirklichen. Ich muss unweigerlich an die Zukunft denken, die gewiss in alle Richtungen verlaufen muss, unter wirtschaftlichen, rentablen und realistischen Gesichtspunkten. Die Geburt eines Fohlen in nicht das Ziel an sich ... Nach der Ausbildung des jungen Pferdes, erlauben Sport oder Tourismusgespanne, Holzrückerei oder andere Dienstleistungsformen den Pferden und deren Haltern, eine interessante Perspektive zu finden.

Wir wollen hoffen, auch morgen noch, die Natur respektvoll entdecken zu können und in den Wäldern den dumpfen Hufschlag arbeitender Pferde zu hören.

Jacques Balon

Permanentdeputierter in der Landwirtschaft
Präsident von "Centre d'Economie Rural"

« Celui qui possède un cheval est un homme libre ! »
§ Proverbe arabe

De paarden staan in de pas bij de mensen

Éloge du faire à cheval

Ein Loblied auf die Pferde

Roger Job

Rebelles. Résistants. Libres. Fiers mais discrets. Les derniers de leur espèce. Tels sont les hommes qui peuplent ce livre et qu'on appelle des *débardeurs*, même si officiellement le nom de leur métier n'existe pas !

Cet ouvrage est l'histoire d'une rencontre. Un *rendez-vous prolongé* entre des hommes, leurs chevaux, et un photojournaliste. Un trait d'union entre le savoir-faire et le faire savoir… Ce livre n'a d'autre ambition que de rendre hommage aux débardeurs wallons et à quelques autres, prolongement de leur univers. Il est le roman du temps qui passe où les personnages sont dignement au travail entre le passé simple et un simple présent fait de troncs d'arbres couchés et de rais de lumières insolents. Le décor est l'univers en couleurs verte et noire de la sapinière où odeurs de transpirations humaine et chevaline s'entremêlent autour d'épais épicéas. Le scénario est la petite et la grande histoire des ultimes hommes adeptes du faire à cheval, ces finals humains évoluant encore au pas de travail à l'heure du tout TGV… Ces pages donnent à voir les témoins vivants d'un pan effacé de notre mémoire. Car les débardeurs et le petit monde du cheval de trait représentent un patrimoine qui n'est pas de pierres et qui ne se réduit pas aux seuls monuments érigés par l'homme.

Loin des yeux, car enfoncés dans la sapinière, les débardeurs, souvent des hommes d'âge mûr, pratiquent le *débardage à cheval*, qui consiste à extraire de la forêt les troncs d'arbres coupés par les bûcherons, sans abîmer les arbres restés sur pied, et à les porter au bord des routes ou chemins où ils seront transportés en camion vers les scieries. Alors que le commerce du bois est une activité importante en Wallonie, ils ne sont plus qu'une soixantaine à pratiquer encore, par monts et par vaux, ce métier menacé par les dernières estocades de la mécanique. Leurs *outils* sont vivants, couverts de poils, soit les chevaux de trait, ardennais ou belges, extrêmement maniables, dociles et puissants. Ensemble, ils sont l'incarnation d'un passé qui ne passe pas.

§ Cheval vivant vs cheval fiscal

La modernité, qui dépouilla le cheval de son nom pour définir la force de ses moteurs, a oublié que des siècles durant, le cheval de trait incarnait la force

motrice. Il fut de tous les métiers, et rarement des plus délassants. Il tira la charrue de l'agriculteur et le chariot des marchands. Il emmena la diligence des nantis et l'omnibus des pauvres. Arrimé au câble de halage, il tracta de lourds chalands contre le courant des voies fluviales. Serviteur de la famille, il livra la houille puis le gaz en bouteille, le lait, les tonneaux de bière ou de vin. Il fut le joyeux équipier des cantonniers ou le triste collègue des croque-morts. Il descendit même, et jusqu'à sa mort, dans les mines de charbon. Auxiliaire dans l'artillerie, il fit la guerre et survécut à la Bérézina et à la Grande Guerre. Sous le nom de *cheval des nations*, il assura même la célébrité et la célérité du port d'Anvers. Si *l'Histoire s'est faite à cheval*, celui-ci n'a pu contrarier l'apparition explosive du moteur… La motorisation, en quelques saisons, l'a insidieusement rayé du paysage.

L'apparition et la prolifération rapides des tracteurs dans le monde rural relevèrent d'une réaction compensatrice à tant d'anciennes frustrations. D'aucuns se souviennent de l'apparition du fermier triomphant conduisant pour la première fois son tracteur neuf dans la cour de la ferme. Épié par le voisinage jaloux, il démontrait à l'envi sa promotion sociale grondante. Haut sur la chaussée, droit sur son tracteur, utopique char d'assaut, l'agriculteur se sentait dresseur de la technique et dominateur de la nature. Le tracteur devint sa plus noble conquête… alors que ses chevaux de trait devenus obsolètes escaladaient en hennissant la rampe de la bétaillère du maquignon avec pour destination finale : Bruxelles et ses célèbres abattoirs d'Anderlecht !

La bête au bois tirant

Tous ? Non ! Certains, plus par fidélité que par résistance au progrès, décidèrent de continuer à vivre, comme ils le disent, *au cul d'un cheval*, car l'attachement à l'animal-compagnon était beaucoup plus fort que l'adhérence spontanée à une société se bâtissant sur de nouvelles valeurs. Malins, ils avaient compris les dangers de la fin d'un monde annoncée par la motorisation des transports urbains et ruraux, et du travail agricole. En réalité, le déclin du cheval lourd signifiait *la fin des vrais paysans* ! Pour ces rebelles, résonnait alors, *l'appel de la forêt*…

Ainsi le débardage à cheval n'est ni une célébration ni du folklore, mais une profession à part entière. Les débardeurs, en unissant la machine et le cheval sous les résineux, réalisent une symbiose parfaite et quotidienne entre archaïsme et modernisme. Car aujourd'hui le cheval ne fait plus tout. Pour être rentable, il se doit d'être un adjuvant à la machine. Selon les spécialistes, le débardage à cheval coûte environ dix fois plus cher que le débardage au tracteur car la machine tire un cubage de bois nettement supérieur à celui de l'animal et elle peut turbiner sur de plus longues distances sans s'épuiser. Si le tracteur est imbattable pour les *mises à blanc* (là où tous les arbres sont abattus), les coupes sélectives, hélas de plus en plus rares, ne permettent pas à la machine de travailler, vu la contiguïté des arbres restants qu'il est interdit d'abîmer. Mais le cheval a d'autres tours dans son sac, surtout en Wallonie où les terrains accidentés sont légion, et comme les tracteurs, même les plus modernes, ne peuvent pas passer partout, il résiste grâce à ses atouts qui sont la maniabilité et l'aisance sur les terrains encaissés ou spongieux. L'association cheval-machine, tradition-modernité, entraîne alors une hausse majeure de la rentabilité. Mais force est de constater que ses jours sont comptés car de nouvelles machines autrement plus efficaces arrivent sur le marché et peu de jeunes hommes rêvent aujourd'hui de conduire un cheval…

Traits de génie

Malgré le temps qui passe et la tyrannie du progrès, sous le couvert des hâtifs conifères à peine dépaysés, le débardeur et son cheval de trait sont toujours là, accomplissant leur travail sans se soucier de l'écoulement de l'Histoire. Tirant, attroupant, débusquant, ce couple qu'on pense pataud-patibulaire n'est que souplesse et dextérité. Le contrôle de l'animal s'effectue à l'aide d'une longue rêne unique en cuir appelée cordon, cordeau ou lignette. Mais souvent, suite aux difficultés du terrain, le couple se sépare et de nombreuses manœuvres sont effectuées *à la parole*, parfois à plus de dix mètres. Avec six mots ou borbo-

rygmes principaux, le débardeur dirige son cheval. Citons le *hue* connu de tous pour avancer, le *hieuh* pour aller à droite et le *harrr* à gauche. Mais il y a aussi le *cule* ou *recule*, compréhensibles. Et le *un pas*, à décliner avec le *cule* ou le *hue*, sans oublier le *ton pied* qui ne signifie pas que le cheval doit donner la patte comme le chien-chien à sa mémère, mais signalant qu'il doit lever un membre sorti des chaînes de trait. La bonne obéissance du cheval constitue l'assurance-vie du débardeur, car ensemble ils manipulent des bois qui sont aussi des quintaux capables d'écraser et de tuer…

Ainsi, durant le cycle perpétuel des saisons, le débardeur et son cheval forment une équipe soudée où chacun souffre et transpire. Dans ce couple des temps modernes, chacun est là pour l'autre et le travail se partage au prorata des compétences. Il y a une juste répartition des tâches bien plus subtile que celle de la force et de la connaissance. Il faut avoir observé un cheval de trait coutumier du débardage cherchant la bonne emboîture de ses épaules dans le collier en cuir, le meilleur axe de la chaîne avec le tronc mort, piaffant le cou tendu et le jarret pointé dans la continuation du bassin, pour saisir cette évidence ! Certes le travail est épuisant car le cheval hérite bien souvent des grumes inaccessibles à la machine, mais le chemin parcouru par le tandem forestier est toujours équitable.

« Tirant, attroupant, débusquant, ce couple qu'on pense pataud-patibulaire n'est que souplesse et dextérité. »

§ Forces tranquilles

Homme et animal s'éveillent bien avant le blanchiment de l'aube pour le déjeuner qui n'a de petit que le nom. Tartines, œufs et café pour le premier, avoine et eau pour le second toujours servi le premier. Dès huit heures, ils sont au boulot dans la coupe de bois, troublant à peine la nuit végétale et le silence vert. La journée est rythmée par une série de pauses permettant au duo de reprendre des forces. Quand le cheval souffle, soit l'homme aspire la fumée d'un cigarillo ou d'une cigarette roulée, soit il converse avec un collègue. Et ils sont nombreux les chevaux qui raffolent de la conversation de leur meneur au point d'arrêter de tirer dès l'arrivée d'un visiteur ! Également au menu, deux arrêts repas. Frigo box, boîte à tartines nombreuses et thermos pour l'un, picotin et seau d'eau pour l'autre. Parfois l'homme partage avec le cheval une pomme un peu blette ou un quignon de pain séché. L'inverse est rare. Généralement l'équipe quitte la forêt vers dix-sept heures, mais la journée ne s'achève pas là. Il y a le trajet du retour suivi à l'arrivée du déchargement. Les chevaux au box, l'homme doit offrir la pitance du soir, inspecter son matériel pour le lendemain, assécher les colliers et enfin, penser à lui et… à sa femme. Ils sont nombreux à révéler que, sur une vie, ils passent plus de temps avec leur camarade herbivore qu'avec leur épouse comptable.

Ce déroulé de vie, mille fois répété dans des forêts où le soleil ne fait que passer pour mieux laisser l'ombre des branches confortablement s'installer, peut sembler bucolique ou romantique au profane las de son bureau ou des embouteillages et qui rêve de humer l'odeur troublante des clairières où des coupes ont donné au paysage des senteurs de bois blessé. En réalité, ce métier particulier est une succession de tâches laborieuses et dangereuses où, indifférent au climat, le débardeur, cet intime des courants d'air, est dehors à s'échiner. Si ces chevaux qui traînent au bois humanisent l'ouvrage lié à la terre, l'homme qui les mène risque à chaque instant d'être coincé entre les troncs charriés et les arbres sur pied ou de se pincer la main dans la chaîne enroulée autour de la grume, car les accidents sont fréquents. Manifestement le débardeur ne rêve pas d'un monde pastoral où l'homme vivrait en harmonie avec la nature, même si le chant des oiseaux le matin ne peut que le rendre meilleur, de même que l'odeur de la sève meurtrie ou la résine répandue. Chaque jour, il veille à l'équilibre instable de ses finances, car sans réelle prise sur le monde, il subit les cycles du marché comme une météorologie du destin. Corvéable à merci, il est le maillon faible de la filière bois, l'indépendant dépendant des désirs et des prix des marchands et des scieries. Cent à cent cinquante euros par jour, est-ce le prix d'une liberté à payer, un passe-droit duquel il faut décompter l'achat du cheval, du harnais, du véhicule de transport et les frais de nourriture, de ferrage et de vétérinaire afférents au meneur ?

Pour le débardeur à l'ombre du monde des arbres – qui pour l'homme éphémère est un témoin de la durée – c'est gagner sa vie, non gagner de l'argent qui importe. Non par goût de la tradition ou de l'écologie, mais simplement pour survivre, avec son cheval ! Que ce livre en soit le témoin.

Rebels. Sterk. Vrij. Trots maar discreet. De laatsten van hun soort. Dit zijn de eigenschappen van de mannen in dit boek, de *bosslepers*, een officiële benaming voor hun beroep bestaat weliswaar niet!

Dit werk is het resultaat van een ontmoeting. Een *verlengde afspraak* tussen mannen, hun paarden en een fotojournalist. Een ontmoeting tussen de kennis en de herkenning ervan… Dit boek wil enkel hulde brengen aan de Waalse en enkele andere bosslepers aan de rest van hun wereld. Het is een roman over de tijd waarin de personages op een waardige manier werken tussen een verleden en een heden, dat uit slapende boomstammen en brutale lichtstralen bestaat. Het decor is een wereld van groene en zwarte tinten van het dennenbos, waar de zweetgeur van mens en paard zich mengen met de stevige dennen. Het scenario verdeelt het kleine en het grote verhaal van de laatste mannen die nog de paardenstiel beoefenen, de laatste mensen die nog steeds de tred van het werk volgen uit de tijd van de hogesnelheidstreinen… Deze pagina's tonen ons de levende getuigen van een stuk uit ons vergeten verleden. Want de bosslepers en de kleine wereld van de paarden vertegenwoordigen een patrimonium dat niet van stenen gemaakt is en dat zich niet beperkt tot de monumenten gebouwd door de mens.

Ver uit het zicht, weggedoken in het dennenbos, beoefenen de bosslepers, meestal mannen van een zekere leeftijd, *het bosslepen te paard*, met andere woorden: ze halen boomstammen, die de houthakkers omhakken in de bossen, zonder de andere bomen te beschadigen en ze brengen ze naar banen of wegen waar ze weggevoerd zullen worden naar de zagerijen. Hoewel de houthandel een belangrijke activiteit is in Wallonië, zijn er nog slechts een zestigtal mensen die over berg en dal dit beroep uitoefenen; een beroep bedreigd door de laatste aanvallen van de machines. Hun *werktuigen* zijn levend en behaard, het zijn namelijk de Ardenner of de Belgische trekpaarden, erg hanteerbaar, volgzaam en sterk. Tesamen zijn ze de belichaming van een verleden dat nog niet helemaal vervlogen is.

§ Het levende paard versus het fiscuspaard

De moderne tijd, die het paard van zijn naam beroofd heeft teneinde de kracht van zijn motoren te verwoorden, is vergeten dat de trekpaarden eeuwenlang de

bewegingskracht van de motoren belichaamden. Ze werden bij alle beroepen gebruikt en zelden voor de meest eenvoudige. Ze trokken de wagens van de landbouwers en de karren van de handelaars. Ze trokken de koetsen van de rijken en de omnibus van de armen. Vastgemaakt aan sleepkabels trokken ze zware binnenschepen voort langs de vaarten. Als gezinsdienaars leverden ze eerst steenkool, daarna gas in flessen, melk, bier- of wijnvaten. Ze waren de vrolijke ploegmakkers van de spoorwegwerkers of de trieste collega's van de lijkdragers. Ze daalden zelfs af tot in de steenkoolmijnen, wat zelfs vaak hun dood betekende. Als hulp in de artillerie, namen ze deel aan oorlogen en overleefden ze de Grote Oorlog en de slag van Berezina. Onder de naam van *natiepaarden* zorgden ze zelfs voor de bekendheid en de voorspoed van de haven van Antwerpen. Zelfs al werd *de Geschiedenis door de paarden geschreven*, hebben deze paarden de brutale invasie van de motor niet kunnen voorkomen… De motorisatie heeft op korte tijd de paarden van de baan geveegd.

De verschijning en de snelle groei van de tractoren in de landbouw was als een vergelding voor de zovele vroegere frustraties. Sommigen herinneren zich nog de trotse landbouwer die voor de allereerste keer met zijn nieuwe tractor op de binnenkoer van zijn boerderij reed. Begluurd door de jaloerse buren, toonde hij met plezier zijn sociale vooruitgang. Hoog op de baan, recht op zijn tractor – de utopische tank – voelde de landbouwer zich als de africhter van de techniek en de heerser van de natuur. De tractor werd zijn meest nobele overwinning... terwijl zijn trekpaarden, in onbruik geraakt, hinnikend stapten naar de veewagen van de paardenkoper met als laatste bestemming Brussel en zijn bekende slachthuizen van Anderlecht!

§ De schone trekker

Allemaal? Neen! Sommigen, meer uit getrouwheid dan uit weerstand tegen de vooruitgang, hebben besloten om, volgens hun eigen woorden, verder te leven *met zicht op het achterste van het paard*, want de band met het dier, een

" Hij, die een paard bezit, is een vrij man."
§ Arabisch gezegde

soort metgezel, was sterker dan de behoefte mee te werken aan een maatschappij die teveel bezig was met de nieuwe waarden. Deze schalkse mensen hadden het gevaar ingezien van het einde van een wereld, veroorzaakt door de motorisatie van het stedelijke en landelijke transport. Eigenlijk betekende de ondergang van de zware paarden het *einde van de echte boeren*! Deze rebellen hoorden steeds de *Lokroep van het bos*... Het bosslepen te paard is dus een viering noch een folklore, maar een beroep op zich. De bosslepers vormen een perfecte en dagelijkse versmelting van het archaïsme en het modernisme door de machines en de paarden te verenigen onder de harsbomen. Het paard doet vandaag niet

langer al het werk. Om rendabel te zijn, moet hij complementair zijn aan de machines. Volgens de experts kost het bosslepen te paard ongeveer 10 keer zoveel als het bosslepen per tractor omdat de tractor een veel grotere hoeveelheid hout kan trekken dan het dier en hij kan veel langere afstanden afleggen zonder moe te worden. Zelfs al is de tractor onoverwinnelijk als het gaat om de *blootlegging* (daar waar alle bomen omgehakt worden), voor de stukken die selectief gehakt moeten worden wat steeds zeldzamer wordt kan de machine niet werken, aangezien de bomen die men niet mag omhakken te dicht bij elkaar staan. Het paard heeft echter nog andere voordelen, vooral in Wallonië, waar de oneffen terreinen zeer talrijk zijn en waar zelfs de modernste tractor niet overal bij kan. Dáár blijft het paard overeind, dankzij zijn troeven, namelijk de hanteerbaarheid en de vlotheid op holle en sponzige ondergronden. Het verenigen van paard en machine, traditie en modernisme, verhoogt dus de rendabiliteit. Toch moeten we vaststellen dat zijn dagen al geteld zijn, aangezien er nieuwe en heel doeltreffende machines op de markt komen en omdat er maar weinig jonge mannen zijn die er nog van dromen een paard te berijden...

§ De geniale trekker

Ondanks de tijd die voorbijgaat en de tirannie van de vooruitgang, onder de dekmantel van nauwelijks ontheemde vroegrijpe naaldbomen, blijft de bossleper met zijn trekpaard bestaan. Hij voltooit zijn werk zonder zich zorgen te maken over de loop van de Geschiedenis. Trekkend, samenscholend en verdreven, belichaamt dit koppel — hoewel ze als lomp en onbehouwen gezien wordt — in feite niets meer dan soepelheid en bedrevenheid. Het dier wordt onder controle gehouden door een lange lederen teugel die koord, touw of snoer genoemd wordt. Maar vaak, door de moeilijke wegen, gaat het koppel uiteen en gebeuren verschillende handelingen via *de spraak*, soms over afstanden van langer dan tien meter. Met zes belangrijke woorden of geluiden bestuurt de bossleper zijn paard. Bijvoorbeeld *hue* waarvan iedereen weet dat het vooruitgaan betekent, *hieuh* om naar rechts te gaan en *harrr* om naar links te gaan. Maar er zijn ook nog de begrijpbare *ga vooruit* of *ga achteruit*. En één stap bij te voegen bij de *vooruit* en de *hue*, en niet te vergeten: *je voet* wat niet wil zeggen dat het paard een been moet geven, zoals bij honden, maar wat betekent dat hij een ledemaat moet opheffen uit de trekketting. De perfecte gehoorzaamheid van het paard is de levensverzekering voor de bossleper, ze werken namelijk in bossen waar men vepletterd en gedood kan worden...

Zo vormen de bossleper en zijn paard seizoenenlang een hecht team waarbij ieder lijdt en zweet. Bij dit moderne koppel, is de ene er altijd voor de andere en wordt het werk verdeeld volgens het kunnen. Er is een eerlijke taakverdeling, veel subtieler dan die van kracht en kennis. Om deze vanzelfsprekenheid te begrijpen, moet men een trekpaard dat het uitslepen gewoon is, geobserveerd hebben terwijl hij de beste inkeping van zijn schouders zoekt in de lederen teugel of de beste spil van de ketting ten opzichte van de dode boomstammen en dit terwijl hij met een uitgestrekte hals en een knie gestrekt in het verlengde van het bekken trappelt! Het werk is zeer vermoeiend, want het paard moet vaak op stukken bos werken die voor machines ontoegankelijk zijn, maar de weg, afgelegd door dit boskoppel, is altijd gerechtvaardigd.

Stille krachten

De man en zijn dier staan lang vóór zonsopgang op om te ontbijten. Hun ontbijt is zeer uitgebreid: boterhammen, eieren en koffie voor de eerste en haver en water voor de tweede, steeds bediend door de eerste. Vanaf acht uur zijn ze aan het werken om hout te hakken, zonder de rust van de planten en de groene stilte te storen. De dag wordt slechts onderbroken door enkele rustpauzes zodat het duo terug op krachten kan komen. Terwijl het paard op adem komt, rookt de man ofwel een kleine sigaar, ofwel een gerolde sigaret, of praat hij met een collega. Er zijn veel paarden die hun leider graag horen praten, dat ze stoppen met trekken zodra een bezoeker nadert! Op het menu staan eveneens twee eetpauzes. Koelboxen, dozen met veel boterhammen en een thermos voor de ene, voer en een emmer water voor de andere. Soms deelt de man een overrijpe appel en een homp gedroogd brood met het paard. Het omgekeerde komt zelden voor. Gewoonlijk verlaat de ploeg het bos rond 17 uur, maar daarmee is hun werkdag nog niet voorbij. Er is eerst nog de terugreis, gevolgd door het uitladen bij de aankomst. Eenmaal het paard in de paardenbox staat, moet de man hem zijn avondmaal opdienen, zijn uitrusting voor de volgende dag klaarleggen, de kettingen afdrogen en uiteindelijk, tijd vrijmaken voor zichzelf en… voor zijn vrouw. Velen geven toe dat ze in hun leven meer tijd doorbrengen met hun plantenetende kameraad dan met hun echtgenote/boekhoudster.

Deze levensstijl, duizenden keren herhaald in de bossen waar de zon enkel doorkomt zodat de schaduw van de takken zich comfortabel kan installeren, kan idyllisch of romantisch lijken voor de niet-kenners die hun bureauwerk of de files beu zijn en die ervan dromen de verleidelijke geur van de open lucht op te snuiven, waar het landschap naar een gehavend bos ruikt door de omgehakte bomen. In werkelijkheid, bestaat dit bijzonder beroep uit moeilijke en gevaarlijke taken. Onafhankelijk van het weer, ziet de bossleper af, hoewel hij vertrouwd is met alle soorten weer. Deze paarden die in bossen rondlopen, geven een menselijk karakter aan het werken met de aarde, maar de man die hen leidt, kan elk moment vastzitten tussen de weggesleepte boomstammen en de staande bomen of zijn hand kan vastgeklemd komen zitten in een ketting die rondom een schors opgerold is. Zulke ongevallen komen namelijk vaak voor. De bossleper droomt zichtbaar niet van een landelijke wereld waar de mens in harmonie met de natuur zou leven, ook al maakt de vogelzang hem 's morgens alleen maar vrolijk, evenals de geur van het sap van de gekneusde planten en de vloeiende hars. Elke dag let hij op het onstabiele evenwicht van zijn inkomsten, want aangezien hij niet echt een greep op de wereld krijgt, is zijn lot de cycli van de markt te ondergaan. Door zijn ondankbare werk is hij de zwakste schakel van de houtketen. Hij is een zelfstandige, die afhankelijk is van de wensen en prijzen van de handelaars en de zagerijen. Is honderd tot honderdvijftig euro per dag de prijs van de vrijheid, de bevoorrechting? Hiervan moeten nog de kosten voor de aankoop van het paard, het paardentuig, het voertuig voor het vervoer en de kosten voor het eten afgetrokken worden, alsook de kosten voor het beslaan van de paarden en de veearts. Al deze kosten zijn ten laste van de bossleper!

Voor de bossleper – in de schaduwrijke wereld van de bomen die voor de vergankelijke mens een getuige is van wat duurzaamheid betreft – is het de broodwinning die belangrijk is, niet geld verdienen. Hij doet dit werk niet voor de traditie of voor het milieu, maar enkel om te overleven, samen met zijn paard! Dat dit boek er een getuigenis van mag zijn…

Rebellisch, hart im Nehmen, ungebunden. Stolz und unauffällig. Die letzten ihrer Zunft. Das sind die Männer, von denen dieses Buch berichtet, und die man Holzrücker nennt, obwohl dieser Begriff nicht im Duden steht! Das vorliegende Buch berichtet über eine Begegnung, ein längeres Stelldichein von Männern mit ihren Pferden und einem Fotografen. Sozusagen ein Bindestrich zwischen Können und Mitteilen ... Dieses Werk soll eine ehrenvolle Huldigung an die fleißigen Holzrücker sein, die in aller Stille tief in den Wäldern der Ardennen – bei Wind und Wetter – einen außergewöhnlichen Beruf ausüben. Das direkte Umfeld dieser Arbeit besteht aus den dunkelgrünen Farbnuancen der stummen Fichtenwälder, durchwirkt vom penetranten Geruch schweißgebadeter Menschen und Pferde. Zugleich ist es die Geschichte der letzten unerschütterlichen Pferdeliebhaber, die im Zeitalter der rasenden TGV-Züge im gemächlichen Tempo des Pferdeschritts schwere Stämme bewegen; wahrlich, lebende Zeugen der *guten alten Zeit*. Diese unverdrossen rackernden Waldarbeiter und die letzten Repräsentanten der Kaltblüter sind unverfälschte Denkmäler der geschichtlichen Entwicklung unserer Wälder.

Kaum von der Öffentlichkeit wahrgenommen, arbeiten diese meist gestandenen Männer mit ihren geduldigen, kraftvollen Pferden im dunkeln Forst, um die von den Holzfällern geschlagenen Stämme bis an befahrbare Wege zu schleppen, von wo aus sie mittels Holztransporter zu den Sägewerken gebracht werden. Beim Rücken der Stämme muss stets höllisch aufgepasst werden, dass die Rinde der stehenden Bäume unverletzt bleibt. Obwohl das Holzgeschäft in der Wallonie noch heute von großer wirtschaftlicher Bedeutung ist, bleiben nur etwa rund 60 Holzrücker übrig, immer stärker bedroht durch die aufkommenden leistungsstarken Forstmaschinen. Der traditionelle Holzrücker dagegen arbeitet noch mit lebenden Maschinen aus Fleisch und Blut – gefügige und kräftige Kaltblutpferde der Ardenner und der Brabanter Rasse. Mann und Pferd sind die Verkörperung der bis in die heutige Zeit reichenden Vergangenheit.

§ Lebende und motorisierte Pferdestärken
Die Moderne nutzt den Namen des Pferdes zwecks Einordnung der Leistungskraft der Motoren. Leicht wird dabei übersehen, dass das Pferd jahrtausendelang in vielfältiger Weise die treibende Kraft darstellte. Es zog den Pflug des Bauern und die schwer bepackten Wagen der Handel treibenden Fuhrleute, die feinen Kutschen und Karossen der noblen Herren und Damen und ebenso die Omnibusse der Mittellosen. Unermüdlich auf Treidelpfaden entlang Kanälen und Flüssen wurden wuchtige Lastkähne meist gegen den Strom geschleppt. Die Händler spannten Pferde vor, um Waren aller Art zu ihren Kunden zu bringen: Kohle, Milch, Bier, Wein und nicht zuletzt auch Gasflaschen ... Pferde wurden in dunkelfeuchten Kohlengruben eingesetzt, meist ohne jemals wieder das Licht der Sonne erblicken zu dürfen. In Kriegszeiten trugen sie die Reitersoldaten und zogen klobige Kanonenwagen über Stock und Stein. Manche Kaltblüter überlebten selbst das mörderische Debakel Napoleons an der Beresina und „la Grande Guerre". Im geschäftigen Antwerpener Hafen war das Pferd die Grundlage der Betriebsamkeit und man achtete es dort respektvoll als *Pferd der Nationen*. Die menschliche Geschichte hat sich sozusagen auf dem Rücken der Pferde abgespielt ... und plötzlich tauchte explosiv der selbsttätige Motor auf, der es vermochte, das treue Pferd in wenigen Jahren in der Hintergrund zu stellen.

Das rasche Aufkommen der Schlepper in der Landwirtschaft ist wohl als ausgleichende Reaktion auf tief schlummernde Frustrationen zu begreifen. Man erinnert sich noch vage an die triumphal auf den nagelneuen Traktoren herumfahrenden Bauern, argwöhnisch verfolgt von der missgönnenden Nachbarschaft. Für den Bauern bedeutete der brummende Schlepper als utopischer Kampfwagen den sichtbaren sozialen Aufstieg. Der Landmann wurde fast mit einem Schlag der technische Beherrscher der Natur. Diese neueste Errungenschaft machte die Zugpferde fast überflüssig und viele mussten widerspenstig wiehernd die Rampe des Viehtransporters zum allerletzten Mal erklimmen, um in Richtung Brüssel zum bekannten Schlachthof von Anderlecht gefahren zu werden.

§ Das holzrückende Pferd

Nein, nicht alle! Nur manche, mehr aus Treuegefühl zum Pferd als aus Trotz gegen den technischen Fortschritt, entschieden sich für ein Leben, nach ihrer eigenen Formulierung, *am Hintern ihrer Pferde*. Offensichtlich war die Bindung Mensch-Tier bei einigen stärker als der Hang zur technischen und motorisierten Modernität. Erfahren und weitblickend hatten nicht wenige Bauern folgerichtig erahnt, dass der Einzug der motorisierten Transporte in Stadt und Land das Ende einer Epoche einläutete. Der stille Abgang der treugedienten Kaltblüter aus den Höfen war der unrühmliche Ausklang einer Ära und das Ende der *urwüchsigen und wahren Bauern*. Diesen unbeugsamen Rebellen diente der Wald als sicheres Refugium!

Das Schleppen der gefällten Baumstämme mittels Pferden ist wahrlich keine feierliche Folklore, sondern ein handfester Beruf, der den ganzen Mann fordert. Holzrücker, die heute Pferd und Maschine sinnigerweise zu kombinieren wissen, realisieren eine fast perfekte und mustergültige Symbiose zwischen Tradition und Moderne. Unter heutigen Arbeitsbedingungen kann das Pferd nicht mehr alles bewerkstelligen, es rentiert sich nur noch als Ergänzung der teuren Spezialmaschinen. Forstspezialisten haben ausgerechnet, dass das Rücken mithilfe von Pferden rund zehnmal teurer ist als das durch Forstschlepper, die aufgrund ihrer gewaltigen Motorenstärke eine viel größere Holzmenge bewegen können, und dies über längere Strecken ohne zu ermüden. Auf Kahlschlägen, auf den alle Bäume einer Waldparzelle gefällt werden, ist der Traktor ohne Konkurrenz, aber bei Durchforstungen (leider immer seltener!) kommt die voluminöse Maschine nicht durch die stehen gebliebenen Bäume, ohne diese an der Rinde zu beschädigen. Allerdings bietet die hügelige Ardennenlandschaft den Pferden eine letzte Chance, denn selbst für die modernsten Forsttraktoren sind stark abschüssige Waldparzellen unerreichbar. Hier zeigt sich die Überlegenheit des leicht zu handhabenden Pferdes in engen Tälern und auf morastigen Böden. Die gut ausgetüftelte Kombination zwischen Pferd und Maschine, Tradition und Moderne, führt im Ganzen gesehen, zu höherer Rentabilität. Trotzdem glauben viele, dass die Tage der Pferde gezählt sind, denn schon kündigt man fortschrittlichere, den topografischen Gegebenheiten besser angepasste Waldmaschinen an. Außerdem träumen immer weniger junge Waldarbeiter von einem Leben mit dem Pferd …

§ Die kluge Fügsamkeit der Pferde

Trotz des rasanten technischen Fortschritts sind der Rücker und sein Pferd noch immer unter den dunklen Baumkronen der Fichten fleißig bei der Arbeit. Das Gespann Mensch-Pferd sieht auf dem ersten Blick recht schwerfällig aus, aber in Wirklichkeit bewegt es sich sehr wendig und geschickt durch die stehenden Baumstämme. Das Pferd wird nur mit einem einzigen ledernen Seil gelenkt. Bedingt durch die jeweiligen Geländeschwierigkeiten müssen sich beide auf oft bis zu 10 Metern trennen. Dann führt der Lenker das Pferd mit nur sechs mündlichen Befehlen. Das *Hü* zum Vorwärtsmarsch ist bekannt, auch das *Hiü* (nach rechts) und das *Har* (nach links). Dann noch das *cule*, das *recule* und das *un pas*, verbunden mit *cule* und *hü*. Und zu allerletzt das *ton pied*, das dem Pferd den Befehl zum Heben eines Fußes gibt, falls dieses Bein außerhalb der Zugkette geraten ist. Das genaue Verstehen und Gehorchen des Pferdes ist sozusagen die Lebensversicherung des Holzrückers, denn unzweckmäßig bewegte schwere Stämme können verletzen und sogar töten.

Im ewigen Wechsel der Jahreszeiten bilden Mensch und Pferd eine eng verbundene Partnerschaft; beide leiden und schwitzen. Der eine ist auf den anderen angewiesen,

Gaspard Hick, 1950.

je nach der im Moment erforderlichen Kompetenz. Diese subtile Arbeitsteilung geht weit über die Verbindung Wissen und Kraft hinaus. Man muss ein geübtes Pferd beim Rücken beobachtet haben, um wirklich zu verstehen, warum das Pferd sich so und nicht anders im Geschirr geschickt ins *Zeug legt*, oder wie es die straff gespannten Ketten zum gezogenen Stamm richtet, um Kraft einzusparen und um Hindernisse bestens überwinden zu können. Oder es hebt Hals und Kopf und setzt die kraftvollen Beine ein, zwecks Erreichen eines günstigen Ansatzwinkels. Diese Kraftakte sind äußerst ermüdend für das Pferd, zumal dieses gerade heute nur noch auf für Maschinen unzugänglichem Gelände eingesetzt wird.

„ Ein freier Mann ist, wer ein Pferd besitzt! "
§ Arabisches Sprichwort

§ Schlummernde Kräfte

Lange vor Sonnenaufgang ist Weckzeit. Zuerst erhält das Pferd Hafer und Wasser, und erst danach nimmt der Holzrücker ein kräftiges Frühstück zu sich. Ab 8 Uhr beginnt die Arbeit im Wald! Im Verlauf des Tages werden regelmäßig Pausen eingelegt, damit beide wieder zu Kräften kommen können. Während das Pferd sich entspannt und ausschnauft, raucht sein Lenker eine meist selbst gedrehte Zigarette oder unterhält sich mit einem Kollegen. Viele Pferde freuen sich, die Stimme ihres Lenkers zu hören; manche hören sofort mit dem Ziehen auf, sobald sie erspäht haben, dass sich ein Arbeitskollege ihrem Lenker nähert. Dann werden die Ohren gespitzt! Im Tagesablauf gibt es zwei Mahlzeitpausen. In der Kühlbox, viele dick belegte Butterbrote und die obligate Thermoskanne für den einen; eine Metze Hafer und einen Eimer Wasser für den anderen. Oft teilt der Meister einen Apfel mit seinem Pferd oder er reicht ihm ein Stück trockenes Brot. Beide verlassen den Wald gegen 17 Uhr, um die Heimreise anzutreten. Zu Hause angekommen, werden die ermatteten Pferde aufgestallt und gut gefüttert. Die Geräte müssen für den nächsten Arbeitstag instand gesetzt werden, das Geschirr muss sorgfältig getrocknet und eventuell repariert werden. Dann endlich darf der Holzrücker an sich selbst und an Frau und Kinder denken ... Viele Holzrücker erzählen, dass sie mehr Zeit mit ihrem vierbeinigen Freund als mit ihrer Partnerin verbringen.

Diesen tausendmal wiederholten Tagesablauf im schattig-kühlen Wald mag dem Laien romantisch und idyllisch erscheinen, während er gelangweilt am Schreibtisch hockt oder genervt im Stau steht, und von frischer und duftiger Waldluft träumt oder sich nach paradiesischen Landschaften sehnt. In Wirklichkeit ist die Waldarbeit der Holzrücker eine ständige Folge von sehr anstrengenden und gefährlichen Arbeitsgängen unter allen möglichen Wetterbedingungen. Häufig wird der Rücker zwischen den geschleppten Stämmen und den stehenden Bäumen eingeklemmt, und nicht selten werden die Finger zwischen den die Stämme umspannenden Ketten zerdrückt und verletzt. Schrammen und sonstige Verwundungen sind an der Tagesordnung! Es ist also keineswegs ein pastorales Leben in harmonischer Übereinstimmung mit Mutter Natur. Gewiss, ein morgendlicher Vogelgruß und der aromatische Duft harziger Bäume sind kurze, das Gemüt aufheiternde Momente im Alltagstrott. Andererseits muss jedoch auch die Kasse stimmen! Denn sonst droht die Finanzlage aus den Fugen zu geraten. Mittlerweile ist der Holzrücker zum schwächsten Glied in der Holzwirtschaftskette avanciert, der vermeintlich Unabhängige hängt immer mehr von den anspruchsvollen Forderungen und Preisen seitens der Holzhändler und der Sägewerken ab. Gelten 100 bis 150 Euro die tägliche Fronarbeit und Unterordnung ab? Dem gegenüber stehen hohe Kosten an: Ankauf des Pferdes und des Geschirrs, des Lastwagens und die steigenden Ausgaben für Futter, Hufbeschlag und Tierarzt.

Der im stillen Wald sich abrackernde Holzrücker muss von seiner Arbeit leben können, geschweige denn, viel Geld verdienen. Er tut es nicht allein, um tradierte Arbeitsweisen fortzuführen oder um die Umwelt zu schonen. Er will einfach nur mit seinem Pferd überleben!

Dieses Buch soll dies bekunden!

Holzrücker-Geflüster

Marcel Leroy, UND DIE HOLZRÜCKER

Ein dunkler Mäusebussard sitzt auf einem Zaunpfahl in der Schneelandschaft. Die Holzlastwagen brummen von Vielsalm bis Bouillon, um frisch geschlagene Stämme zu den Sägewerken zu transportieren. Unsere bescheidenen Rocky Mountains, die von Autobahnen eingeschnürte Traumlandschaft unserer Holzrücker, einer der letzten der überkommenen Berufe, der seinem Ende entgegengeht. So manche Berufe müssen ihren Tribut heute der notwendigen schnellen Rendite zollen.

„Sehen Sie den erschöpften Mann und das geduldige Pferd im Wald, dort am flackernden Feuer?"
§ Marcel Neuville

Zwischen den Wäldern von Louette-Saint-Denis und Daverdisse hinter Graide und seinen aus grauen Bruchsteinen gemauerten Häusern, auf dem Weg nach Our, geht Roger Job – der Fotograf, der den Holzrückern seit Monaten folgt – entlang der Wälder, biegt sodann links in einen steinigen Weg ein, vorbei an einem Kruzifix. Der Lastwagen von Claudy Lux ist leer. Die Männer und die Pferde arbeiten tief in einem versteckten dunklen Tal. Über den frisch gefallenen Schnee huschen die Befehle der Pferdeführer. Roger späht in den Wald hinein, denn er möchte zu den Rückern. Er spitzt seine Ohren, wittert den Rauch des Feuers und bewundert das Farbenmosaik der Natur ...

Dann erblickt er die Silhouette von Rudy, dem Sohn von Claudy Lux, zwischen den düsteren Baumstämmen. Das Pferd schwitzt und der aufsteigende Dunst geht im Nebel des Morgens auf. Die klirrende Kälte macht die Glieder steif und unbeweglich. Das ist das richtige Wetter für die Holzrücker ...

Claudy, 57 Jahre alt, führt den dreieinhalb Jahre alten Duc; Rudy leitet Duchesse. Vater und Sohn sprechen kaum miteinander. *Bei dieser Kälte steckt das Pferd in seinem eigenen Nebel*, entfährt es Claudy. Der vom gefütterten Anorak eingehüllte Mann spricht auffallend langsam. Die harzige Schwärze seiner Hände wirkt fast wie Lederhandschuhe. Um die klammen Hände etwas aufzuwärmen, hält er sie dicht an die Nüstern seines Pferdes. Er spricht von der engen Beziehung zwischen Mensch und Pferd. Dabei erinnert er sich an einen Text, der ihn für immer geprägt hat: *In Russland erwärmten sich Napoleons Soldaten an den noch warmen Eingeweiden ihrer getöteten Pferde*. Dann, nach einer kurzen Weile: *Hier im Wald werden wir nicht gestört und meist sind wir ganz alleine, allerdings mit den Pferden und dem Hund.* Claudy hat einen Holzrücker gekannt, der nach einem Beinbruch an einer Embolie ganz allein im Wald gestorben ist. *In etwa zehn Jahren wird es uns nicht mehr geben ...* Claudy meint, dass die Holzrückerzunft mit ihren Pferden nicht mit der enormen Produktivität der modernen Maschinen konkurrieren kann. Das ist weder Pessimismus noch Optimismus, es ist allein das Produkt einer klaren Denkweise. Jedes Ding hat seine Zeit. Wird Rudy, nun 30 Jahre alt, den Beruf des Vaters weiterführen? Wer weiß, aber die Antwort wird wahrscheinlich negativ ausfallen. An der Freude am Beruf liegt es sicherlich nicht. *Das Pferd kann weitermachen; eine Maschine kann das Pferd niemals ganz ersetzen.* An freien Tagen fährt Rudy gerne mit dem Auto nach Frankreich. Jedoch nie über die schnelle Autobahn; er ist der Mann für die engen, nach Harz duftenden Wege. Auch jetzt, nach erledigter Arbeit, ist die eisige Kälte mit angenehmem Waldgeruch gewürzt. Diesmal zieht Roger Job seine Kamera nicht hervor. Nach Monaten im Wald mit den Holzrückern und ihren Pferden, auf der Suche nach ihrer tiefen Wahrheit, kauert er mit ihnen nieder und zeigt ihnen seine Bilder. Claudy und Rudy bestaunen die Arbeit des Fotografen. Die Zeit drängt; Männer und Pferde steigen in den Lastwagen, aber die Räder der schweren Metallmasse drehen wie wild durch auf dem vereisten Waldboden. *Moment*, entscheidet Claudy. Er nimmt Duc wieder aus dem Wagen und spannt ihn davor. Das kräftige Pferd zieht, der Motor heult laut auf ... O.K., das war es. Mit einem kraftvollen Ruck hat das Kaltblut die Motoren-PS wieder nutzbar machen können! Für die Holzrücker erzählen die Fotos die geschichtliche Entwicklung ihres Berufes und beschreiben die schwere Arbeit der wohl letzten Vertreter eines zum Untergang verurteilten Berufszweiges. Wahrscheinlich sind sie nicht mehr mit dem Leben und der Arbeit der heutigen Gesellschaft kompatibel. *Das Buch wird erläutern, wie die Holzrücker einmal gearbeitet haben.* Dann fahren sie nach Cornimont.

Nicht weit von hier, in Carlsbourg, scheint **Albert Toutlemonde** das Gespräch mit Claudy Lux fortzuführen. In der Wohnung erzählen viele Fotos von Pferden die Familiengeschichte, schwarzweiß und in Farbe. Auch seine Frau Yvienne teilt mit ihm die Leidenschaft für Pferde. *Nach dem Krieg hatten wir nur Pferde. Danach kamen die Traktoren. Die Stürme des Jahres 1990, die viele Wälder zunichte machten, haben den Einzug der modernen Maschinen beschleunigt. Die Forstverwaltung pflanzt heute mit breiteren Abständen. Somit müssen die Pferde auf härteren Böden, im Gefälle und im Schmutz arbeiten, d.h. dort, wo die Maschinen nicht eingesetzt werden können. Mein erstes Fohlen habe ich bekommen, da war ich gerade zwölf Jahre alt. Mein Vater hat mir alles beigebracht. Damals transportierte man die Stämme bis zum Abladeplatz der Bahnhöfe. Von meinem 14. bis 20. Lebensjahr habe ich eigentlich nur Holztransporte erledigt. Nach dem Krieg verfügten wir über Material, das uns die Amerikaner überlassen hatten: GMC, Chevrolet-Canada, bestückt mit Seilwinden. Das Material wurde danach immer professioneller. Früher waren 15 km weite Fußmärsche oder mit der Karre bis zum Ort des Rückens ganz selbstverständlich. Um 4 Uhr morgens zogen wir mit der Laterne von zu Hause los. Den großen Wald habe ich hundert Mal durchquert. Ohne vom Weg abzukommen gingen die Pferde abends in der Dunkelheit nach Hause; man kannte alle möglichen Pfade und Abkürzungen. Mein erstes Spielzeug war ein Holzpferd mit Rädern. Wenn mein Vater aus dem Wald zurückkam, füllte ich einen US-Stahlhelm mit Hafer. Ich war damals 4 oder 5 Jahre alt und liebte den Umgang mit Pferden über alles.* Yvienne muss lachen … *Seine Eltern kamen aus Flandern nach Poupehan und brachten Brabanter Kaltblüter mit. Ich habe immer gesagt, dass ich unter keinen Umständen einen Holzrücker heiraten werde. Das Pferd Marquis hat sie mit der Flasche großgezogen.* Wenn Albert Toutlemonde vom Ardenner Kaltblut spricht, wird er fast poetisch: *Ein gedrungenes, muskulöses, kleines Pferd, aber sehr arbeitsfreudig … Der Beruf? Man fühlt sich hintergangen und frustriert. Was macht man denn für die Holzrücker? Man lässt uns auf den morastigen Stellen von Natura 2000 arbeiten! Da habe ich einmal gearbeitet, mein Pferd ist mehrmals im Sumpf steckengeblieben! Niemals mehr! Mit Traurigkeit sehe ich, wie der Beruf an Bedeutung verliert, und freue mich, dass meine Söhne nicht mehr dabei sind. Dreimal habe ich mir im Wald ein Bein gebrochen. Morgens, bevor man zur Arbeit ausrückt, hat man bereits 50 Euro an Kosten ausgegeben. Um in diesem Beruf zu arbeiten muss man die Pferde lieben und achten, die Unabhängigkeit und die Freiheit zu würdigen wissen und außerdem die Natur respektieren. Mein Vater wollte sich einen Traktor anschaffen. Ich war dagegen! Seitdem habe ich wohl dreimal eine Runde um die Welt mit meinen Pferden gemacht. Augenblicklich bin ich bei der vierten Runde. Für den Wald ist der Einsatz der Pferde ideal: Sie verletzen die Bäume nicht und halten die Umwelt sauber. Sollten wir eine Vereinigung gründen, um unsere Interessen zu wahren? Oder um unseren Frust laut hinauszuposaunen zu können? Bei einer Versammlung haben wir das Für und Wider einer Gewerkschaft besprochen, aber schließlich ist nichts dabei herausgekommen.* 1986 wurde Albert Toutlemonde beim Wettbewerb in Libramont mit Bella zum Champion gekürt, aber heute erwärmt er sich nicht mehr so für übertriebene Wettbewerbe. Er möchte lieber die Arbeit im Wald bewertet wissen. *Über 12 Stunden im Wald ein Pferd zu führen heißt mit ihm eine Einheit bilden. Das ist das Hauptthema, wenn Holzrücker von der Solidarität mit ihren treuen Begleitern reden. Nach solchen Gesprächen geht man in den Stall, um sein Pferd liebevoll zu bewundern.* Abends, vor dem Schlafengehen, schleichen die wahren Holzrücker noch einmal kurz in den Stall, um ihrem Pferd eine gute Nacht zu wünschen. Albert Toutlemonde fügt hinzu: *Ich möchte schon, dass es mit uns weitergeht. Vielleicht geschieht noch ein Wunder!*

In einem gegen den Wind geduckten Bauernhof bei Auby sitzt **Jean-Claude Louis**, 43 Jahre alt, gemächlich mit Frau und Kindern am Küchentisch. Pokale und Medaillen schmücken die Räume. Roger Job wird wie ein alter Freund empfangen. Alle beugen sich über die Fotos. *Dank dieser Bilder begreife ich das Schöne an unserer Arbeit. Die Bilder zeigen die heutige ungeschminkte Realität und sind keineswegs nostalgisch. Ich möchte, dass es so bleibt, wie es ist. Die Fotos belegen, wie wir wirklich sind, und das Buch wird unsere Arbeit publik machen. Das ergreift mich innerlich und geht mir nahe. Hoffentlich berührt es auch die Menschen, die nicht direkt mit dem Wald vertraut sind. Wir Holzrücker wollen einfach nur überleben. In unserem Beruf ist man allein und man muss dafür schon sehr engagiert sein.* In dritter Holzrückergeneration ist Jean-Claude im Alter von 15 Jahren aus der Schule gekommen, aber bereits mit 7 Jahren hielt er die Zügel der Waldpferde. *Dann glaubt man schon, ein richtiger Mann zu sein! Aber der Weg ist noch weit. Man muss wissen, dass das Pferd ein wahrer Freund ist und man muss die Klugheit des Pferdes sinnvoll ergänzen. Zusammen stehen sie vor der* unerbittlichen Realität; die Schwierigkeiten müssen von beiden gemeinsam — Mensch und Tier — gemeistert werden. Der Mensch fühlt die fortschreitende Müdigkeit während der Tagesarbeit, aber das kluge Pferd zählt die Stunden. Ein guter Holzrücker respektiert sein Pferd und ebenso seinen Holzhändler, so wie dieser auf den korrekt arbeitenden Holzrücker angewiesen ist! Hiermit appelliere ich an alle Holzrücker: Zwecks Verteidigung unserer Interessen müssen wir uns unbedingt zusammentun! Unseren Beruf darf man nicht zur reinen Folklore degradieren. Für eine Vorführung bat man mich einmal, einen blauen Kittel, wie früher üblich, anzuziehen. Das habe ich jedoch strikt abgelehnt. Wir tragen heute Jeanshosen. Wäre ich Minister, würde ich die heute praktizierten Pflanzmethoden ändern. Allerdings möchte ich schon, dass mein Sohn Mathieu Holzrücker wird, vorausgesetzt dass sich zuvor viele Dinge ändern. Bei meinem ersten Kahlschlag stand ich in einem abschüssigen Abhang, und das Holz war schon vor etwa sechs Monaten gefällt worden. Ich saß auf einem Wurzelstock und weinte bitterlich. Dann habe ich mich aufgerafft und mich mit meinem Pferd in die Arbeit gestürzt. Der Mensch ist in Schweiß gebadet, das Pferd schwitzt und dampft, die vorbei spazierenden Wanderer schauen zu und kein Einziger sagt: „Oh, das arme Pferd!" oder hat ein Wort des Bedauerns für den Rücker. Heute haben alle Profis neben dem Pferd noch eine Maschine. Ich gebe zu, dass auch ich mir einen Traktor mit Zange zugelegt habe. Ich befürchte, dass dieser das Pferd einmal auf Dauer ersetzen wird, denn heute muss alles immer schneller gehen. Ein gute Führung des Pferdes muss man einfach im Blut haben.

Raymond Nélisse, 54 Jahre alt, sein Sohn Michael sowie seine Mutter sagen fast im Chor beim Betrachten der Fotos: *Die sind aber schön!* Sie erkennen darauf die Orte, die Pferde und die Menschen. *Es ist höchste Zeit, dass man dieses Buch schreibt. Wenn Roger es nicht gemacht hätte, wer wäre wohl so lange Zeit mit uns zusammengeblieben? Was er bei uns gesehen hat, war kein Kinofilm. Es ist die nackte und unverfälschte Wahrheit! Michael macht jetzt sein Abitur. Das Zeug zum Holzrücker hat er zwar im Blut, aber er sollte diesen Beruf besser nicht ergreifen. Raymond wird noch bis zu seiner Verrentung arbeiten. Die Natur, der Wald, die Pferde, das ist alles sehr schön, aber alles hat einmal ein Ende. Wer pflügt denn heute noch mit Pferden, wie zu Zeiten meines Großvaters und noch meines Vaters?*

Der Bauernhof Cornélis in Fanzel, ein zu Erezée gehörender Weiler, liegt in einer malerischen Landschaft, deren Hügeln mit Fichten bedeckt sind. Wir sitzen am Tisch und Emile erzählt: *Mein Sohn ist nun 16 geworden und ich hätte gerne ja gesagt, falls er den Beruf weitergeführt hätte. Aber jeder muss seinen eigenen Weg gehen. Dann hätten wir eine Forstmaschine kaufen müssen. Die kostet rund 60.000 Euro, und um sich bezahlt zu machen, muss sie zum Drehen gebracht werden!* Leise fügt der 53 Jahre alte Mann dann hinzu: *Wenn man nicht mehr träumen kann, hat man es nicht mehr gut. Die Träume der heutigen Jugend sind mit der harten Arbeit im Wald und den hohen Maschinenkosten nicht mehr vereinbar. Unsere Frauen haben damals noch mit uns leben wollen; ohne Ferienreisen und ohne Restaurantbesuche. Aber wenn ich heute 20 Jahre alt wäre, würde ich sofort wieder anfangen, allerdings nur dann, wenn es noch so wie vor 20 Jahren wäre, aber keinesfalls unter den heutigen Bedingungen.*

Mit am Tisch sitzt schweigsam zuhörend der 60 Jahre alte Marcel Neuville aus Heyd, dessen Körper und Gesicht die tiefen Spuren der harten Waldarbeit tragen. Er bedauert nichts. *Ich könnte nicht in einer Fabrik arbeiten.* Marcel erzählt dann weiter: dass er den Entaster fast wie ein Affe bedient. *Wenn du nach 8 Tagen nicht irrsinnig geworden bist, dann bist du ein starker Typ.* Diese berufserfahrenen Männer äußern, dass die heutige Art der Waldbewirtschaftung nicht mehr so gut ist wie früher. Gewiss, die älteren Waldeigentümer legen auch heute noch Wert auf schöne Stämme, aber das wird bald der Vergangenheit angehören. *Es wird heutzutage in breiteren Reihen maschinengerecht gepflanzt. Wir müssen unseren Trumpf der Komplementarität ausspielen*, meinen fast unisono Emile und Marcel. Der Beruf hat seinen Mann ernährt, die Familie konnte im eigenen Haus großgezogen werden. Emile fügt hinzu: *Meine fünf Brüder haben alle studiert, nur ich nicht, aber ich bin wohl der Glücklichste in meiner Arbeit.* Die Fotos werden herumgereicht. Immer wieder hört man: *Wer ist denn das?* Beide Männer fixieren dann ein Foto, das ihrem tiefen inneren Wesen entspricht: *Sehen Sie dort den erschöpften Mann und das geduldige Pferd im Wald am flackernden Feuer?* Beide Männer sehen sich gegenseitig begeistert an! *Wenn eine Stute im Dorf ihr Fohlen bekam, war dies wie ein heiliger Akt.* Vom Buch sagen beide: *Das gereicht uns zur Ehre, denn die Fotos sind respektvoll.* Wird Marcel nach Aufgabe des Berufes sein geliebtes Pferd weiter behalten? Nein, denn wenn es in Form bleiben soll, muss es unbedingt arbeiten und weiterhin gut gepflegt werden. *Das Pferd nur einfach auf der Weide grasen zu sehen, ist nicht mein Ding. Was ich will, ist eins mit meinem Pferd sein. Popol und Jek sind fast ein Teil von mir. Ich spreche sogar mit ihnen. Montags spielen sich beide stark auf. Die Zukunft? Schlechte Holzrücker werden auch schlechte Maschinenführer sein.* Emile erinnert sich daran, dass er einmal mit Städtern zu Spazierfahrten durch den Wald gefahren ist. Dem Zugpferd entfuhr dabei eine laute Blähung. Ein Kind sagte: *Bah, das stinkt aber!* Darauf habe ich angehalten und erklärt, dass es auch in der Stadt stinke, aber dass man dort nicht weiß, von wo der Gestank kommt und woraus er besteht! Marcel und Emile sind sich einig, *dass der gute Holzrücker behutsam arbeitet, präzise und fast geräuschlos und immer ohne heftige Stöße. Mensch und Pferd arbeiten in voller Harmonie zusammen und die Stämme werden genau nebeneinander abgelegt.*

In den Wäldern um Sainte-Ode erwärmt sich Patrick Lambeaux an einem kleinen Reisigfeuer. Lachend sagt er: *Echte Helden leben im Verborgenen.* Er hat eine schützende Decke auf den Rücken des schwitzenden Pferdes gelegt. Ivresse ist am Tag nach einer Fiesta in Libramont geboren worden. *Der Eigentümer der Stute hatte ein Glas zu viel getrunken!* Sein Großvater, sein Vater, sein Bruder, alle waren begeisterte Holzrücker. Wie so viele, sagt auch er: *Man muss darin geboren werden.* Nachdem er seine Försterprüfung bestanden hatte, entschied er sich für ein stressfreies Leben in Frieden. *Man geht im Schritt des Pferdes und im Rhythmus der Jahreszeiten.* Nun ist er bereits 45 Jahre alt und betont, dass man sein Pferd stets respektieren muss, denn es ist keine Maschine. Mit seinem Pferd bildet man ein richtiges Doppelgespann.

Allermeist arbeitet er zusammen mit Pierre Leriche, aber gerade heute ist Letzterer zu einer Beerdigung gefahren. Patrick ist davon überzeugt, dass es auch in Zukunft noch immer Arbeit in den Wäldern geben wird. Nach seinem Militärdienst wurde er Fernfahrer und ist überall in Europa herumgekommen.

Schließlich habe ich mich für ein Leben mit dem Pferd entschieden. Von den Fotos von Roger Job sagt er: *Gute Arbeit, er hat unsere Zunft sehr realistisch dargestellt. Er hat sich bei uns integriert und ich hoffe, dass das Buch unsere Arbeit bei einem breiten Publikum bekannt machen wird. Du weißt gut, im Wald ist man niemals allein mit seinem Pferd.*

In Neffe, nur einen Katzensprung von Bastogne entfernt, liegt ein Bauernhof am abschüssigen Rand einer Straße. Hier ist Jojo Nivarlet, 57 Jahre alt, zu Hause. So wie sein Bruder Noel trägt auch er immer ein Halstuch; echte Pferdenaturen! Jojo arbeitet nun schon seit 35 Jahren im Wald und meint, dass die großen Forstmaschinen alles zuschanden stampfen. Nebenbei verkauft er auch Pferde, aber die Absätze werden immer geringer. Die Holzrücker werden, wie die Holzfäller vor ihnen, in der Fabrik arbeiten müssen. *Unser Beruf wird aussterben, die Zugpferde wird man im Tourismus einsetzen.* Jojo sagt heftig: *Dieses Buch wird uns gut tun, es wird allerhöchste Zeit, dass man uns verteidigt. So wie es heute ist, wird die Natur zerstört. Der Holzeinschlag kennt keine festen Regeln mehr. Früher ließ man die Bäume auswachsen, bevor man sie fällte. Heute ist das anders, denn wegen der Baumkrankheiten, der Stürme und der Finanzschwierigkeiten der Gemeinden müssen diese ihre Wälder oft rasch verkaufen. Das Brot wird ja auch nicht mehr von Hand geformt, und so ähnlich hat man uns mit unseren Pferden bald nicht mehr nötig. Ich bin immer gegen das Weitermachen meines Sohnes gewesen.* Bei Jojo spürt man die innerlich kochende Wut und die resignierte Verbitterung. Er schnauft, hebt den Ton und wettert gegen die Maschinen, die alles zerschmettern und die still arbeitenden und dampfenden Pferde gleich mitreißen. Und somit die letzte Zunft von 60 Holzrückern und ihren Lebensinhalt. Vor der Verabschiedung führt uns Jojo in seine Pferdeställe. Hier ist es auffallend warm und die Tiere stehen ruhig und besonnen da. Alles ist blitzsauber. Er streichelt sanft ihre Nüstern und ihre Flanken. Das wirkt sichtlich entspannend auf Jojo! Andere jedoch schauen etwas hoffnungsvoller in die Zukunft. Nicht weit von Saint-Hubert, in einem Neubau im Dorf Arville. Draußen tobt ein Gewitter. Wir sind in einer modernen Halle. Eine Tür öffnet sich: Die Pferde ruhen friedlich. Der Traktor und die Maschinen stehen unter demselben Dach.

Philippe Deconinck, der früher als Koch gearbeitet hat, bereitet gerade Fisch für seine Frau und seine Töchter zu. Er sagt: *Das Pferd ist die Ergänzung des Menschen und der Maschine.* Den Beruf des Holzrückers hat er bei seinem Schwiegervater gelernt. Die angeborene Liebe zum Pferd hat er zu seinem Beruf gemacht. Von Herd und Kochtöpfen überdrüssig, hat er sich einen Lastwagen und drei Pferde gekauft. Dazu entschied er sich für eine Maschine. *Die ist rentabler.* Wie lernt man das Holzrücken? *Zu einem jungen Führer passt ein altes Pferd. Das Pferd lehrt einem den Beruf. Mit geschlossenen Augen kann man ein Pferd führen. Das muss aus deinen Händen kommen. Man betrachtet das Pferd, den Stamm – und dann los! Wenn du dich gut mit deinem Pferd verstehst, kannst du es mit geschlossenen Augen führen. Die Stimme ist Befehl.* Er erinnert sich gerne an Jordi, ein Pferd, das seinen Kopf auf seine Schulter legte, wenn er es rief. *Wer sein Pferd respektiert, erspart ihm vieles. Vor der ersten Futteraufnahme* darf es niemals schwitzen. Den Respekt zum Pferd erkennt man am Umgang während der Arbeit. Sobald ein Pferd seine Höchstleistung erbracht hat, sagst du „Ho" und du streichelst es. Ein Holzrücker hat nur ein Pferd in seinem Leben, ich habe sogar zwei gehabt. Baronne habe ich während drei Monaten angelernt. Das war vor 20 Jahren. Sie hat übrigens in Libramont den ersten Preis errungen. Und dann Robine, die mit ihren vier Füßen auf einem Balken das Gleichgewicht halten konnte. Eigentlich hat man den Eindruck, dass der tüchtige Holzrücker selbst die schwierigsten Arbeiten mit Leichtigkeit bewältigen kann. Die Rinde der Bäume darf nicht beschädigt werden. Das Vertrauen ist die Basis der Arbeit mit den Tieren. Philippe hat Rückepferde nach Irland und in die USA verkauft. Ein guter Holzrücker? *Es ist der, der von den anderen hoch eingeschätzt wird.* Die Fotos des Buches liegen ausgebreitet auf dem Tisch. Jedes einzelne Bild hat etwas zu erzählen. In einer Familie hat jedes Foto seine eigene Geschichte. *Ja, die Fotos zeigen uns so, wie wir sind. Wir sitzen da und essen unsere Butterbrote. Wir arbeiten wie die Ameisen in den riesigen Wäldern. Du bist der Komplize deines Pferdes und sprichst mit ihm den ganzen Tag.* Er fügt hinzu: *Bei Hubert trägt ein Fohlen sogar den Namen Roger … Ist das nicht der beste Beweis, dass die Fotos mehr als nur den Beruf darstellen? Mich hat der Text betroffen gemacht: Es ist die reine Wahrheit, das sind wir wirklich!*

In Sur-le-Thier de Winamplanche bei Spa seufzt **Francis Chalsèche** vor Erleichterung: *Mein Sohn hat den Holzrückerschein erhalten, aber er arbeitet in einem anderen Beruf. Vor 10 bis 15 Jahren hatte die Hälfte der Holzrücker einen Nachkommen. Und wie ist das heute? Gibt es überhaupt noch einen einzigen Sohn, der seinem Vater folgen möchte? Ich glaube es nicht. Der Beruf geht den Bach hinunter. Wenn das so weiter geht, gibt es in zwei oder drei Jahren keine Pferde mehr im Wald, da der erzielte Gewinn zu niedrig ist. Meine Preise sind seit 1986 unverändert geblieben! Ein junger Holzrücker findet keine Frau mehr, er lebt im Schlamm und arbeitet ganze 12 Stunden am Tag, um Lohn für 8 Stunden zu erhalten. Es stimmt, dass man in seine Pferde vernarrt ist. Die Zeiten haben sich allerdings geändert. Ein guter Holzrücker? Das ist einer, der weiß, dass die Kräfte der Pferde ihre Grenzen haben. Zu wissen, wie weit man das Pferd herausfordern kann und in Harmonie mit dem Pferd zu arbeiten: Das ist der Beruf! Ah, die Pferde … Wo findet man noch die Weisheit der früheren alten Förster und der Holzfäller? Vorsicht, ich schere sie nicht alle über denselben Kamm! Der Wald wird von den Bürokraten in Namur verwaltet.* Anne-Marie, seine Frau, nimmt kein Blatt vor den Mund: *Man sollte auch von den Frauen der Holzrücker sprechen. Die Reinigung der vom Dreck stark verschmutzten Arbeitskleidung nimmt viel Zeit in Anspruch. Und die teuren Gummistiefel sind häufig zerrissen … und die Steuerverwaltung will die Ausgaben nicht als abzugsfähige Unkosten akzeptieren.*

In Petit-Thier, hoch über Vielsalm gelegen, könnte man den Geschichten von **Pol Guillaume** stundenlang zuhören. Unter Holzrückern ist er geradezu zur Legende geworden. In seinem karierten Hemd, im Schnee stehend, ruft er die in der Schneelandschaft galoppierende Pferde zu sich. Ein Mann wie ein Baum, gezeichnet von den Arbeit im Wald. Pol sitzt am Tisch der guten Stube, deren Wände mit Pferdebildern und Trophäen von den vielen gewonnenen Wettbewerben fast ganz zugedeckt sind. Und im Flur des bruchsteinernen Hauses hängen Dutzende gut erhaltene Kummetgeschirre und sonstige Pferdeutensilien. Mit Hilfe einer Lupe betrachtet er aufmerksam die von Roger vorgelegten Fotos. *Was ich jetzt gerade im Blick hatte, ist die Spannung der Kette; diese Details zeigen mir, dass die Fotos nicht gestellt sind. Der Fotograf ist an rund 100 Tagen zu uns in den Wald gekommen. Stundenlang hat er gewartet, um den richtigen Moment zu erwischen, denn das Foto muss die Wahrheit darstellen. Das ist mehr Ethnologie als Reportage. Die Fotos zeigen die Natur, die Pferde und den Menschen. Sie müssen ihre gemeinsame Geschichte erzählen.* Von den Holzrückern sagt er: *Sie machen ihre Arbeit, und nur das zählt! Geld interessiert mich nicht. Seit 65 Jahren führe ich Pferde und lebe eigentlich nur für die Pferde. Ich bin zu sehr in sie vernarrt. Für sie verzichte ich auf alles. Mit ihrem teuren Geschirr sind sie besser gekleidet als ich. Dafür erhalte ich jedoch viel Liebe von ihnen zurück. Im Jahre 1991 haben 17.000 Zuschauer unser Gespann mit 110 Pferden bewundert. Auf meine Bitte hin waren alle Holzrücker zu diesem Fest gekommen. Das war der erhabenste Moment in meinem Leben!* Er schneidet einen Apfel in Stücke, isst diese zusammen mit dicken Scheiben trockenen Brotes, kaut bedächtig … und sagt weiter: *Als ich noch ein kleiner Bengel war, das war vor dem Krieg, sagte ich wie in Träumen meinem Vater: Schau mal da, Papa, hinter dem Hügel stehen 200 Pferde, die sind alle mein. Das war in Salmchâteau, und ich glaube, dass ich mit dem Weltrekord diesen Traum realisiert habe.* Pol Guillaume, Pferdeholzrücker in dritter Generation, äußert: *Ich muss noch genauso viel dazulernen wie die anderen auch.* Durch das Fenster sieht er seine Pferde auf der Weide stehen. Er betrachtet sie lange und lächelt. Sein Gesicht ist wie aus Stein gemeißelt. *Ich lasse meine Pferde niemals aus den Augen. Selbst wenn es mit unserem Beruf bergab geht, so habe ich dennoch ein Fünkchen Hoffnung für die Zukunft, denn wenn es keine Pferde mehr im Wald gibt, werden die Wälder mit der Zeit zerstört. Die Voraussetzung ist, dass wir Waldleute mit einer Stimme reden.* Als andere Rücker erwähnt werden und der Name Marcel Neuville fällt, sagt er: *Das ist ein wahrer Meister, er arbeitet behutsam und schonungsvoll.* Pol spricht von guter und schlechter Arbeit, sagt, dass der Mensch sein eigener Feind sei … *Je schwieriger die Arbeit ist, umso besser fühle ich mich.* Er schaut den Reporter mit bejahender Mimik gelassen an, spricht nur wenige, allerdings prägnante Worte: *Das Buch von Roger wird uns zusammenbringen. Es zeigt die Holzrücker, wie sie wirklich sind. Heutzutage braucht man das Pferd und die Maschine. Das Leben ist nicht mehr so wie früher …*

Fabian Pagnoul träumte stets von der Waldarbeit. Jetzt, mit seinen 25 Jahren, fragt er sich, ob seine Anstrengungen endlich Früchte bringen werden. Er wohnt noch bei seiner Mutter in Surdents, bei Verviers im Wesertal, wo der Expresszug Köln–Lüttich vorbeibraust. Die verlassene Schreinerwerkstatt des Großvaters kann jederzeit wieder aktiviert werden. Fabian hat den Schreinerberuf in der Schule gelernt und ist Meister seines Fachs. Dennoch hat er sich für die Zunft der Holzrücker entschieden. Mit 18 fand er Freude an der Reiterei und bald schon entschied er sich für das Leben im Wald. Er wollte draußen arbeiten, mit einem Pferd, bei Wind und Wetter. Gewiss ein harter Job, der außerdem seinen Mann kaum ernährt. *Ich kaufte eine Gebrauchtmaschine, einen Lastwagen und zwei Pferde, Giro und Hercule. Das Einkommen ist recht knapp, aber ich bedaure meinen Schritt nicht.* Seine Mutter hat in weiser Voraussicht die Schreinerwerkstatt nicht verkauft. Um die hohen Raten zurückzahlen zu können, fährt Fabian nebenbei einen Lastwagen für eine in der Nachbarschaft liegende Fabrik. Abends nach der harten Arbeit belegte er zudem noch Kurse für Betriebswirtschaft. Nun versteht er, dass alle heutigen wirtschaftlichen Faktoren den Pferdeholzrücker erdrücken, ganz besonders die Berufsanfänger. Die härteste Arbeit überlässt man den Pferden, eine wahre Hölle für sie. Auf den leicht zu bearbeitenden Waldparzellen werden Maschinen eingesetzt. Fabian nimmt selbst weitab von seinem Heimatort gelegene Einsatzstellen an. Sogar bis Wavre (vor Brüssel) fährt er. Man fühlt förmlich, dass seine Illusionen Risse bekommen. Er schaut sich die Fotos an, schmunzelt, seine blonden Haare stehen aufrecht, dann sagt er resolut: *Wenn ich auf die Nase falle, dann habe ich es wenigstens versucht.*

Sein Lehrmeister im Wald heißt Léon Burnotte. Der 40-Jährige wohnt in einer prachtvollen Landschaft am Rande des Herverplateaus bei Andrimont. Als Sohn eines Holzrückers begann er seine Arbeit 1976. Heute stellt er fest, dass dieser Beruf keine wirtschaftliche Basis mehr hat. *Den Pferden bleiben nur noch die schwierigen und unzugänglichen Stellen.* Vor dem flackernden Kaminfeuer öffnet er sein Fotoalbum. Er gleicht einem Cowboy in der Zeit, als der Wilde Westen zu Ende ging. Dann analysiert er nüchtern die heutige Lage. *Der Holzmarkt ist überfüttert. Das vom hohen Norden und aus dem Osten stammende Holz bricht unsere Preise. Das in den Ardennen gefällte Holz wird zu teuer und die vorgelagerten Arbeitsgänge müssen finanzielle Opfer hinnehmen. Wo liegt die Preisgrenze? Schon mit 5 Jahren führte ich Pferde im Wald. Ich würde sicherlich krank, müsste ich meine Pferde verkaufen. Es muss doch irgendwo eine Weide für ein Pferd geben. Die Probleme fingen mit den Stürmen des Jahres 1990 an. Damit ein normaler Lohn herausspringt, müssen täglich 150 bis 175 Euro erwirtschaftet werden. Sonst ist das Ende da! Tatsächlich liegen die Preise aber häufig unter diesen Zahlen. Die mahnenden Worte meines Vaters klingen mir noch heute im Ohr: Lass das mit der Waldarbeit! Aber ich hatte vorher nichts anderes getan, und keiner sagte einem wirklich, was das heißt. Im Gegenteil, man fängt mit großer Begeisterung im Wald an. Die Realität ist: Man arbeitet im Schmutz, in der Kälte und im Regen, die reinste Knochenarbeit, die todmüde macht — das Pferd und seinen Lenker.* Léon zählt diese Tatsachen auf, währenddessen sein charmante Frau ihn anlächelt … Das sind bärenstarke Männer, richtige Männer hinter der starren Fassade. Nur die besten sind noch übrig geblieben … Carlo und Gamin verstehen, dass ihr Meister ihnen jeden Abend im Stall eine gute Nacht wünscht. Ohne diesen abendlichen Stallrundgang kann Léon nicht einschlafen. Ein Band des innigen Vertrauens bindet Pferd und Mensch zusammen. Der Autor des Buches streichelt die bekannten Pferde und erzählt von den vielen Begegnungen. Bald wird er die Besuchsrunde zu den Holzrückern beenden … Innerlich gerührt schauen sich Léon und seine Familie die Fotos aus den Waldungen an. Die Fotos sagen aus, dass weitab vom lauten Weltgetümmel, Männer und Pferde tief in den Ardennenwäldern unter widrigen Umständen äußerst hart arbeiten. Ohne es zu wissen, verkörpern sie einen der letzten, auf sich selbst gestellten und eigenständigen alten Beruf, der heute leider gefährdet ist. Das ist die Quintessenz der markigen Aussagen der Holzrücker.

Made in Belgium

Le cheval de trait belge et son cousin le cheval de trait ardennais ont assuré, des années durant, la réputation de la Belgique dans le monde entier. Leurs gènes, croisés à ceux de nombreuses autres races, ont permis l'amélioration de celles-ci. De Libramont à Gand, de Hombourg à Soignies, des chevaux, objets de soins jaloux, ont été modelés et conditionnés par les qualités naturelles des terroirs dans lesquels ils évoluaient. Cela a donné de petits chevaux rustiques dans le massif ardennais et des chevaux plus puissants dans les polders et dans les plaines limoneuses.

§ Définitions

Le cheval de trait ardennais (TA). C'est un cheval dur, infatigable, calme mais vigoureux. Il descend du cheval de Solutré qui vivait à l'ère quaternaire dans le bassin de la Meuse et de la Saône. Volé aux Gaulois, il servira aux troupes de Jules César. Napoléon en équipa la Grande Armée et il fut le seul cheval à revenir de la Berezina. C'est un petit format, il est distingué et harmonieux dans ses lignes, facile à conduire. Il est solide, résistant à la fatigue et aux privations : réquisitionné par le IIIe Reich, il fut un des seuls à atteindre Stalingrad. Avec sa tête expressive, ses petites oreilles, son profil camus, sa robe baie ou rouanne, il se distingue immédiatement de ses congénères. En forêt, il excelle par son habileté et sa maniabilité, surtout sur les talus. Compact et musclé, il aime l'action vive et tonique. Taille : 1,55 à 1,60 m. Poids : de 700 à 900 kg. A l'arrêt, le corps sans la tête doit s'inscrire dans un carré.

Le cheval de trait belge (TB). Jadis connu sous le nom de *Brabançon*, il est issu de trois lignées : le gros de la Dendre, le gris de Nivelle et le colosse de la Mehaigne. C'est un cheval fier, d'une grande distinction et manifestant beaucoup d'énergie au travail. Un animal fortement charpenté avec une ossature et une musculature importantes. D'un tempérament agréable, c'est un laboureur de formation qui se prête morphologiquement bien à la traction de charges massives et imposantes. Il est imperturbable et dur à la peine. Ses membres sont garnis de poils abondants. Ses sabots sont larges et solides. Sa robe est baie, rouanne, aubère, ou gris-fer. Taille 1,62 à 1,75 m, poids : de 900 à 1 200 kg. A l'arrêt, le corps sans la tête doit s'inscrire dans un rectangle.

Mais ces distinctions restent théoriques, car comment mesurer le degré de métissage de ces deux races vivant depuis des générations sur un territoire aussi petit que la Belgique ? Godefroi de Bouillon a prouvé leur complémentarité. En effet, après les moissons de 1096, c'est à cheval que les Croisés s'en allèrent à la conquête de l'Orient. Si les seigneurs partirent en Palestine juchés sur de grands destriers flamands, les combattants chevauchaient des ardennais. Cette migration meurtrière atteignit et conquit Jérusalem en juillet 1099. La force et le courage de ces deux races permirent indiscutablement à ce petit homme parti de Bouillon de s'imposer à Jérusalem.

Made in Belgium

Het Belgisch trekpaard en zijn neef, het Ardenner trekpaard, hebben jarenlang België een goede reputatie bezorgd in de hele wereld. Hun genen, gekruist met die van talrijke andere rassen, hebben dit ras nog beter gemaakt. Van Libramont tot Gent, van Hombourg tot Soignies, hebben deze paarden, die speciale zorgen nodig hadden, vorm gekregen door de natuurlijke omstandigheden van de gebieden waarin ze leefden. Hieruit zijn kleine, rustieke paarden ontstaan in de Ardense bosjes en sterkere paarden in de Polders en de slibberige laagvlaktes.

§ Bechrijvingen

Het Ardenner trekpaard (AT): dit is een sterk, onvermoeibaar, kalm maar krachtig paard. Hij stamt af van het Solutreense paard dat in het quartair tijdperk leefde in het stroomgebied van de Maas en de Saône. Bij de invallen van de Galliërs werd hij ingezet in de troepen van Julius Caesar. Napoleon vormde zijn *Grande Armée* met dit ras; het was het enige ras dat terugkeerde uit Berezina. Het is een klein, gedistingeerd paard en heeft harmonieuze vormen, hij is gemakkelijk hanteerbaar. Hij is sterk en bestendig tegen vermoeidheid of tekortkomingen Dit verklaart ook dat zelfs na gevorderd geweest te zijn door het *IIIe Reich*, dit ras het enige was dat Stalingrad bereikt heeft. Hij heeft een expressief hoofd, kleine oren, van profiel bekeken heeft hij een stompe neus, zijn huidskleur is roodbruin of roodschimmel; door al deze eigenschappen is hij gemakkelijk te onderscheiden van zijn soortgenoten. In de bossen blinkt hij uit door zijn handigheid en hanteerbaarheid, vooral op de hellingen. Hij is niet te groot, gespierd, en hij houdt van levendige en goede actie. Hij is 1m55 tot 1m60 groot, en weegt 700 tot 900 kilogram. Rechtstaand, heeft zijn lichaam zonder het hoofd de vorm van een vierkant.

Het Belgisch trekpaard (BT): vroeger bekend onder de naam *Brabançon*, stamt hij af van drie bloedlijnen: de Dikken van de Dender, de Grijzen van Nijvel en de Kolossen van de Méhaigne. Dit is een trots paard met

een groot aanzien en veel werkijver. Het is een heel strek dier, met een indrukwekkend beender- en spiergestel. Hij heeft een aangenaam temperament, hij is een ervaren landbouwer die morfologisch gezien goed geschikt is als trekkracht voor zware en heel grote lasten. Hij is onverstoorbaar en hard tot aan de dood. Zijn ledematen zijn heel behaard. Zijn hoeven zijn groot en stevig. Zijn huidskleur is roodbruin, soms roodschimmel, roodgrijs of ijzergrijs. Hij is 1m62 tot 1m75 groot en weegt 900 tot 1 200 kilogram. Rechtstaand, heeft zijn lichaam zonder het hoofd de vorm van een rechthoek.

Maar deze onderscheidende eigenschappen zijn enkel theoretisch, want hoe moeten we de vemengingsgraad van deze twee rassen meten die reeds generaties lang op zo een klein gebied als België leven? Godefried van Bouillon heeft bewezen dat ze complementair zijn aan elkaar. Na de oogst van 1096, trokken de Kruisvaarders te paard naar de verovering van het Oosten. Terwijl de leenheren op de grote, Vlaamse strijdrossen naar Palestina trokken, reden de frontsoldaten op de Ardenner paarden. Deze bloeddistige groep, waarbij de paarden niets anders deden dan de bevelen opvolgen, heeft Jeruzalem in 1099 bereikt en veroverd! De kracht en de moed van deze twee rassen heeft het ongetwijfeld voor deze kleine man uit Bouillon mogelijk gemaakt de Koning van Jeruzalem te worden!

Made in Belgium

Das Belgische Kaltblut und sein etwas kleinerer Verwandter, das Ardenner Kaltblut, waren lange Zeit weltweit berühmt. Mittlerweile sind ihre Gene in die Blutlinien vieler anderer Rassen eingeflossen und haben diese weiter verbessert. Von Libramont bis Gent und von Hombourg bis Soignies haben sich diese wohlgepflegten Pferde aufgrund der von den jeweiligen Gegenden geprägten natürlichen Lebensbedingungen modelliert und entfaltet. In den Ardennen führte diese Entwicklung zu einem etwas kleineren und genügsameren Kaltblutpferd. In der Poldergegend und in der meist flachen Lehmgegend brachte die Zucht ein schwereres und kräftigeres Kaltblutpferd hervor.

Das Ardenner Kaltblut (AK)

Es ist ein ausgesprochen genügsames, ruhiges, starkes und unermüdlich arbeitsfreudiges Pferd, in direkter Linie vom Solutré-Pferd abstammend, das in der Zeit des Quartärs (von 2 Millionen Jahre bis heute) in den Tälern der Maas und der Saône lebte. Kein Geringerer als Julius Cäsar nutzte dieses von den Galliern geraubte Pferd für seine Legionen. Später diente es der Grande Armée Napoleons, zudem waren es die einzige Pferde, die von der Beresinaschlacht heimkehrten. Dieses kleinformatige Kaltblut, mit edlen, harmonischen Körperlinien ist leicht zu halten und zu führen. Robust gebaut, genügsam und alles andere als arbeitsscheu, wurde es von der Wehrmacht des Dritten Reiches requiriert und gelangte als letzte Pferderasse bis nach Stalingrad. Mit seinem ausdrucksvollen Kopf, den kleinen Ohren und dem etwas ramsköpfigen Nasenbein, seinem braunen bis fuchsfarbenem Fell, hebt es sich deutlich von den anderen Kaltblutrassen ab. Bei der Waldarbeit, und besonders im hügeligen Gelände, sticht seine geduldige Fügsamkeit deutlich hervor. Mit seiner kompakten, muskulösen Körperfülle liebt es ständige Bewegung und harte Arbeit. Bei einem Stockmaß auf Widerristhöhe von 1,55 bis 1,60 m bringt es zwischen 700 und 900 kg auf die Waage. Beim Stand sollten Rumpf und Beine ein Quadrat bilden.

Das Belgische Kaltblut (Brabanter) (BK)

Das früher als *Brabanter Kaltblut* bekannte Pferd stammt von drei Zuchtlinien ab: das Kaltblut der Dender, der Nivelle-Graue und der Koloss von Méhaigne. Die imposante Erscheinung dieses stolzen Pferdes ist ein untrüglicher Hinweis auf seine enorme Zugleistung. Sein starkes Knochengerüst ist mit gut entwickelten Muskeln voll bepackt, und das ruhige Temperament, gepaart mit einer hohen Zugkraft, prädestiniert dieses Pferd für schwere Lasten und vor allem für die Pflugarbeit. Als Kaltblüter lässt es sich durch nichts erschüttern und zeigt zudem große Ausdauer, selbst bei schwersten Arbeitsbedingungen. Seine lang behaarten Beine tragen solide und breite Hufe. Die Haarfarbe geht von falb, fuchsfarben, rotgrau und braun bis zu rehbraun. Es hat ein Stockmaß von 1,62 bis 1,75 m und wiegt zwischen 900 und 1200 kg. Im Stand soll der Körper idealerweise ein Rechteck bilden.

Diese züchterischen Angaben bleiben nicht selten reine Theorie, denn Kreuzungen zwischen diesen beiden Pferderassen blieben während so vieler Jahre auf dem engen Territorium Belgiens nicht aus. Schon der bekannte Anführer der Kreuzfahrer Gottfried von Bouillon bewies die vielseitigen Verwendungsmöglichkeiten dieser Pferde, denn nach den Erntearbeiten des Jahres 1096 stiegen die Kreuzritter auf diese Kaltblüter und zogen beherzt zur Eroberung des Orients aus. Zwar ließen sich viele Adlige bei diesem kriegerischen Unternehmen von schweren flandrischen Schlachtrössern tragen, aber die eigentlichen Kämpfer ritten Ardenner Kaltblutpferde. Bei diesem fragwürdigen Kriegszug zum Orient brauchten diese duldsamen Ardenner nur den Befehlen ihrer Reiter und Antreiber zu gehorchen, um Jerusalem im Jahre 1099 tatsächlich zu erreichen und schließlich auch zu erobern! Die Kraft und die Ausdauer dieser beiden Pferderassen erlaubten es Gottfried von Bouillon, zum König von Jerusalem ausgerufen zu werden!

" Vreemd genoeg wordt Emile nooit moe wanneer hij achter zijn paard stapt, terwijl hij op straat of in de winkels met zijn vrouw, onmiddelijk buiten adem is ! "

Émile Cornélis BAAS VAN MAX

Trait d'union
Passend koppel
Innige Verbindung

Émile Cornélis (52 ans) et Max (TB).
Émile débarde depuis l'âge de 16 ans.
Curieusement, quand Emile marche
derrière son cheval, il n'est jamais
fatigué alors *qu'en rue ou dans les magasins
avec sa femme, il est tout de suite essoufflé !*

Émile Cornélis (52 jaar) en Max (BT).
Émile beoefent het bosslepen
sinds hij 16 jaar was.

Émile Cornélis (52 Jahre) und Max (BK).
Émile rückt Holz mit Pferden
seit seinem 16. Lebensjahr, und
wenn er hinter seinem Pferd geht,
wird er niemals müde. *Gehe ich aber
auf der Straße oder in Geschäften mit meiner
Frau, bin ich schnell außer Atem!*

« Le cheval, c'est la force de l'homme ! »
§ Jojo Nivarlet propriétaire de marquis

1 | 2

1 Parce qu'elles ont des heures durant touché des troncs sans vie, lutté contre la résine de sapin, remué la terre et enroulé des chaînes retorses, les mains du débardeur aimantent l'attention.

2 Raymond Bodson (66 ans) et Loulou (TA). Contrairement aux machines de débardage, l'action du cheval préserve la nature.

1 Aangezien ze urenlang de levensloze boomstammen aangeraakt hebben, tegen de wortels van de dennenboom gevochten hebben, de aarde omgeroerd en geslepen kettingen opengerold hebben, verdienen de handen van de bosslepers de nodige aandacht.

2 Raymond Bodson (66 jaar) en Loulou (AT). In tegenstelling tot de machines is het paard natuurvriendelijk.

1 Der ständige Kontakt mit Baumstämmen und Harz, das Wühlen in der Erde und das Hantieren mit widerspenstigen dicken Ketten hinterlassen Spuren an den Händen der Holzrücker.

2 Raymond Bodson (66 Jahre) und Loulou (AK). Im Gegensatz zu den Maschinen dient der Einsatz von Pferden dem Naturschutz.

„Ich bin wie ein alter Gaul und keiner wird mich mehr gefügig machen können."

§ Raymond Bodson PFERDEHALTER VON GAMIN

1 | 2

1 Il est midi, Raymond Bodson (66 ans) et Loulou son étalon (TA) quittent le coupe-feu où ils ont déposé les bottes le temps de déjeuner. Raymond a passé 46 années à débarder et a formé de nombreux jeunes débardeurs de Bastogne. *Loulou*, prétend Raymond, *écoute mieux que ma femme*, puis il ajoute encore : *Même si elle écoute, ma femme ne tire pas…*

2 Carlo (TA) de Léon Burnotte (47 ans) en plein effort dans les bois de Spa. Avec fierté, Léon dit de Carlo : *qu'il est rond comme une pomme.*

1 's Middags, verlaten Raymond Bodson (66 jaar) en Loulou, zijn hengst (AT) de brandgang waar ze de bundels achtergelaten hebben om te gaan eten. Raymond Bodson is gedurende 46 jaar bossleper geweest en heeft verscheidene jonge bosslepers uit Bastenaken opgeleid. Over Loulou zegt hij dat *hij beter luistert dan zijn vrouw* en voegt er nog aan toe *en zelfs als zij luistert, kan mijn vrouw niet trekken…*

2 Carlo (AT) van Léon Burnotte (47 jaar) spant zich hard in de bossen van Spa. Met trots zegt Léon over Carlo dat hij *rond als een appel* is.

1 Es ist Mittagszeit: Raymond Bodson (66 Jahre) und sein Hengst Loulou (AK) verlassen die mit Holz belegte Feuerschneise, um das Mittagessen einzunehmen. Raymond hat 46 Jahre lang als Holzrücker gearbeitet und dabei viele junge Rücker aus der Gegend um Bastogne ausgebildet. Von seinem geliebten Loulou sagt er: *Er gehorcht mir besser als meine Frau*, und dann setzt er noch eins drauf, denn *selbst wenn sie zuhört, zieht sie nicht …!*

2 Carlo (AK) von Léon Burnotte (47 Jahre) bei der anstrengenden Arbeit in den Wäldern rund um Spa. Mit Stolz sagt Léon von Carlo: *Er ist rund wie ein Apfel.*

Jimmy (TA) de Luc Neuville (40 ans) traverse en force un fossé. Ce fut l'unique fois de la journée car Luc, issu d'une lignée de débardeurs (grand-père, père, oncles), est un artiste du cordon qui changea illico de technique afin d'éviter des bonds violents et dangereux.

Jimmy (AT) van Luc Neuville (40 jaar) steekt een greppel over. Dat was de eerste keer van de dag, want Luc, afkomstig van een familie bosslepers (grootvader, vader, ooms), is een meester als het op touwen aankomt. Hij heeft onmiddellijk van techniek veranderd om gewelddadige en gevaarlijke valpartijen te voorkomen.

Jimmy (AK) von Luc Neuville (40 Jahre) überquert in voller Aktion einen Graben. Das passierte ihm nur ein einziges Mal an diesem Tag, denn Luc kommt aus einer Holzrückerfamilie (Großvater, Vater, mehrere Onkel) und ist ein wahrer Artist bei der Pferdeführung. Sofort ändert er die Technik, um unvorhergesehene und gefährliche Sprünge zu vermeiden.

Marc Richir et Marquis (TA) au travail dans une coupe luxembourgeoise. Théoriquement, dans un talus, le débardage s'effectue toujours dans le sens de la pente, mais souvent mal abattus, les bois doivent alors être préalablement remontés.

Marc Richir en Marquis (AT) aan het werk in een Luxemburgs bos. In theorie gebeurt het bosslepen op een helling altijd in de richting van het dal, maar het hout, vaak slecht omgehakt, moet op voorhand eerst naar boven gebracht worden.

Marc Richir und Marquis (AK) bei der Arbeit auf einem Kahlschlag in Luxemburg. Theoretisch müssen die Stämme im Hang in Richtung des Gefälles gerückt werden. Leider werden die Bäume oftmals schlecht gefällt, sodass sie zuvor nach oben gedreht werden müssen.

« Je suis comme un vieux cheval que nul ne pourra plus dresser. »
§ Raymond Bodson PROPRIÉTAIRE DE GAMIN

Peggy

Claudy Maraga (54 ans) et sa célèbre jument Peggy, née des amours illégitimes d'un étalon percheron et d'une jument ardennaise. Quand il donne un ordre à Peggy, il le ponctue régulièrement d'un surprenant mais efficace *s'il te plaît* !

Claudy Maraga (54 jaar) en zijn beroemde merrie Peggy, geboren uit de verboden liefde tussen een hengst uit de Perche-streek en een Ardenner merrie. Wanneer hij een bevel geeft aan Peggy, voegt hij er regelmatig een verbazingwekkende maar doeltreffende *alsjeblieft* aan toe!

Claudy Maraga (54 Jahre) und seine berühmte Stute Peggy, geboren aus einer illegalen Liebesbeziehung zwischen einem Percheron-Hengst und einer Ardenner-Stute. Jedem Befehl an Peggy schiebt er ein überraschendes, jedoch wirksames *Bitte!* nach.

1	2
3	4

1. Roger Lambert de Bastogne (51 ans) (à gauche), Marc Graindorge (40 ans) et Noël Nivarlet (59 ans) (tout en haut, observateur) dans un talus inaccessible aux machines de débardage durant la canicule d'août 2003.

2. Fabian Pagnoul (26 ans) et Giro (TA) en situation difficile dans les Fagnes du mont Rigi. Cet angelot blond est le plus jeune débardeur wallon. Aujourd'hui, il hésite sur son avenir, lui qui croyait avoir définitivement tourné le dos aux formes de travail les plus connues et à leur avenir de soumission.

3. François Zians (34 ans), le fils de Willy, est tombé dans le débardage quand il était petit, mais cette expérience n'empêche pas de parfois chuter. En 2003, François a acheté un puissant tracteur forestier.

4. Quand les grumes à tirer sont trop lourdes, André Breuskin (61 ans), de Ochamps, attelle Johnny et Gamin (TA) en paire, c'est-à-dire côte à côte. Son travail atteint alors une autre dimension dans laquelle tout mouvement se réalise en symbiose, avec grâce et force, subtilement additionnées.

1	2
3	4

1   Roger Lambert de Bastogne (51 jaar) (links), Marc Graindorge (40 jaar) en Noël Nivarlet (59 jaar) (bovenaan, aan het observeren) op een helling, ontoegankelijk voor de machines, tijdens de hittegolf van de zomer 2003.

2   Fabian Pagnoul (26 jaar) en Giro (AT) in een moeilijke situatie in de Fagnes du Mont Rigi. Deze blonde engel is de jongste Waalse bossleper. Vandaag twijfelt hij over zijn toekomst; hij die dacht definitief de rug toegekeerd te hebben aan de meest bekende werkvormen en aan de onderwerping ervan.

3   François Zians (34 jaar), zoon van Willy, is in het beroep van bossleper terechtgekomen toen hij klein was, maar deze ervaring hindert de valpartij niet. In 2003 heeft François een krachtige bostractor gekocht.

4   Wanneer de schorsen te zwaar zijn, bespant André Breuskin (61 jaar) uit Ochamps, Johnny en Gamin (AT) per twee, dat wil zeggen naast elkaar. Zijn werkmethode krijgt dan een andere dimensie, aangezien elke beweging in symbiose gebeurt, met sierlijkheid en kracht, die subtiel verweven werden.

1   Roger Lambert (51) aus Bastogne (links), Marc Graindorge (40 Jahre) und Noel Nivarlet (59 Jahre) — ganz oben, beobachtend — an einer von Maschinen nicht befahrbaren Böschung während der Hundstagshitze im Sommer 2003.

2   Fabian Pagnoul (26 Jahre) und Giro (AK) in kniffliger Lage in einem Vennstück bei Mont Rigi. Der Blondschopf ist der jüngste wallonische Holzrücker. Aber heute weiß er nicht genau, wie es beruflich weiter gehen soll, obschon er zuvor den traditionellen Arbeitsstellen den Rücken kehren wollte.

3   François Zians (34 Jahre), Sohn von Willy, hat als kleiner Junge mit dem Holzrücken angefangen. Im Jahre 2003 hat François einen leistungsstarken Forsttraktor erworben.

4   Beim Rücken von sehr schweren Baumstämmen spannt André Breuskin (61 Jahre) aus Ochamps Johnny und Gamin (AK) nebeneinander im Doppel an. Diese Rückweise ist wahrlich eine andere Dimension, denn jede Zugbewegung ist eine Symbiose von Grazie und wohl dosierter Kraftanstrengung beider Pferde.

Olga

Patrick Lambeau (45 ans) et Olga (TB) embourbée dans une fange de la Barrière de Champlon. À l'instar des talus, ces terrains inaccessibles aux machines semblent être le seul avenir du cheval.

Patrick Lambeau (45 jaar) en Olga (BT) vastgelopen in modder in Barrière de Champlon. Net zoals de hellingen lijken de ontoegankelijke terreinen voor de machines de enige toekomst voor de paarden te zijn.

Patrick Lambeau (45 Jahre)) und Olga (BK) stecken im Morast bei Barrière de Champlon. Wie die abschüssigen Gelände eignen sich auch die morastigen Böden nicht für den Maschineneinsatz. Nur auf diesen Arealen hat das Rückepferd noch eine Zukunft.

Pirou

1 Raymond Bodson (66 ans) et Georges Archambeau (64 ans) avec Loulou et Gamin (TA). Dans le milieu du débardage, Georges est surtout connu pour ses talents de danseur !

2 Pol Guillaume (71 ans) et Pirou, un étalon percheron. Pol débarde aujourd'hui pour le plaisir, *sa carrière est derrière lui*. Souvent il aide un camarade plus jeune. Toujours doté d'une force physique phénoménale, il trouve son bonheur dans la difficulté et la technique à l'ancienne. *Au cul d'un cheval depuis l'âge de 12 ans*, il voudrait que la mort, quand elle viendra, le prenne ainsi, en plein effort. Dans la dignité !

1 Raymond Bodson (66 jaar) en Georges Archambeau (64 jaar) met Loulou en Gamin (AT). Georges staat vooral bekend om zijn danstalenten!

2 Pol Guillaume (71 jaar) en Pirou, een hengst uit de Perche-streek. Pol Guillaume beoefent vandaag het bosslepen voor het plezier, want *zijn carrière ligt achter hem*. Vaak helpt hij een jongere kameraad. Nog steeds voorzien van een grote lichamelijke kracht, vindt hij zijn geluk in de moeilijkheid en de techniek van vroeger. *Op de kap van een paard sinds zijn 12de*, zou hij willen sterven, terwijl hij zich hard aan het inspannen is, waardig!

1 Raymond Bodson (66 Jahre) und Georges Archambeau (64 Jahre) mit Loulou und Gamin (AK). Georges ist als talentierter Tänzer bekannt!

2 Pol Guillaume (71 Jahre) und Pirou, ein Percheron-Hengst. Heute rückt Pol Guillaume nur noch spaßeshalber, *denn seine Karriere ist beendet*. Gern hilft er einem jüngeren Kameraden. Körperlich noch sehr fit und voller Kraft, empfindet er Freude beim Bewältigen von auftretenden Schwierigkeiten und bei der Anwendung von alten Arbeitsmethoden. *Am Hintern der Pferde seit seinem 12. Lebensjahr*, möchte er in voller Arbeit und in Würde vom Tode dahingerafft werden!

Albion

" Het beroep is aan het verdwijnen!"
§ Philippe Deconninck BAAS VAN ALBION

1 | 2

1 Philippe Deconninck (45 ans) et Albion (TB) durant la pause de midi. L'exacte répartition du travail entre le cheval et la machine est pour lui une véritable règle d'or assurant au quotidien un maximum de rentabilité. Intégrant l'évolution, il se place dans le cercle très réduit des débardeurs qui vivent à leur aise de leur passion. Mais depuis mai 2004, Philippe *sent que le métier s'en va !*

2 Une grume refusait de quitter la mousse sur laquelle elle gisait. Claudy Lux (57 ans), un homme qui sourit aux ruades de l'existence, a chargé Gitane et Bijou (TB) de la réveiller.

1 Philippe Deconninck (45 jaar) en Albion (BT). De correcte werkverdeling tussen paard en machine is bij hem een gouden regel; wat zorgt voor een maximale rendabiliteit. Hij is niet tegen de evolutie, wat verklaart waarom hij tot de weinige bosslepers behoort die op hun gemak van hun passie kunnen leven. Helaas voelt Philippe sinds mei 2004 *dat het beroep aan het verdwijnen is!*

2 Een schors wou maar niet uit het mos komen waar ze vastzat. Claudy Lux (57 jaar), een man die bestand is tegen de moeilijkheden van het leven, heeft Gitane en Bijou (BT) bespannen om ze eruit te krijgen.

1 Philippe Deconninck (45 Jahre) und Albion (BK) während der Mittagspause. Die ausgewogene Aufteilung der von den Maschinen und von den Pferden zu leistenden Rückarbeit ist für ihn eine goldene Regel zur Erreichung der maximalen Rentabilität. Er gehört zu einem kleinen Kreis von Holzrückern, die auch heute noch gut von ihre Profession leben können. Aber Philippe fühlt mit Wehmut, *dass dieser Beruf dem Ende zugeht!*

2 Ein riesiger Baumstamm wollte nicht von der Stelle bewegt werden. Claudy Lux (57 Jahre) spannte Gitane und Bijou davor (BK), um den störrischen Baumstamm von der Stelle zu rücken.

« Le métier s'en va. »
§ Philippe Deconninck PROPRIÉTAIRE D'ALBION

Pol Guillaume (71 ans) et Geoffrey, son petit-fils, nettoient les box de Pirou et Bella.

Pol Guillaume (71 jaar) en Geoffrey, zijn kleinzoon, maken de boxen van Pirou et Bella schoon.

Pol Guillaume (71 Jahre) und sein Enkel Geoffrey reinigen die Boxen von Pirou und Bella.

Cinquante-cinq années séparent ces deux photographies, prises au même endroit, de Jojo et Noël Nivarlet. L'arbre généalogique des Nivarlet de Bastogne atteste que leur arrière grand-père, Alfred (1868-1927) était déjà marchand de chevaux. Tout comme leur père Georges qui mourut dans un box. Les fils de Jojo et Noël, par contre, ne travaillent plus avec des chevaux.

Er is vijfenvijftig jaar verschil tussen deze twee foto's van Jojo en Noël Nivarlet, die op dezelfde plaats genomen zijn. De stamboom van Nivarlet de Bastogne bewijst dat hun overgrootvader Alfred (1868-1927) al een paardenhandelaar was. Net zoals hun vader Georges die in een paardenbox stierf. Maar de zonen van Jojo et Noël werken niet langer met paarden.

50 Jahre liegen zwischen beiden Fotos von Jojo und Noel Nivarlet, aufgenommen an derselben Stelle. Der Stammbaum der Nivarlet bezeugt, dass ihr Urgroßvater Alfred (1868-1927) bereits Pferdehändler war, so wie auch ihr Vater, der in einer Pferdebox den Tod fand. Die Söhne von Jojo und Noel arbeiten jedoch heute nicht mehr mit Pferden.

« Les concours d'élevage c'est comme les Miss Belgique.
Elles ne savent pas éplucher des patates… C'est beau, mais ça ne sert à rien ! »

Pol Rixon PROPRIÉTAIRE DE COGNAC ET WHISKY

Concours national d'élevage de chevaux
de trait belges et ardennais au Heysel (2002).
Damien David, vainqueur de sa série,
a droit à sa photo officielle !

Nationale wedstrijd van de trekpaarden-
fokkerij van de Belgische en Ardenner
trekpaarden aan de Heizel in 2002.
Damien David, de winnaar in zijn reeks,
mag poseren voor op een officiële foto.

Nationaler Wettbewerb der Belgischen
und der Ardenner Kaltblutpferde
im Heysel 2002. Vom Sieger in seiner
Serie, Damien David, wird ein offizielles
Foto gemacht.

Concours national d'élevage de chevaux
de trait belges et ardennais au Heysel (2002).
Les juges examinent un modèle au pas puis
au trot. Être répertorié dans le stud-book
de sa race, c'est accéder à l'aristocratie équine,
au même titre que la noblesse qui a ses livres
de généalogie.

Nationale wedstrijd van de Trekpaardenfokkerij
van de Belgische en Ardenner trekpaarden
aan de Heizel in 2002. De jury controleert
een exemplaar, eerst op zijn tred daarna op
zijn draf. Opgenomen worden in het stud-book
van zijn ras betekent opgenomen worden in
de paarden-adelstand, net zoals de adel zijn
eigen boeken met de stambomen heeft.

Nationaler Wettbewerb der Belgischen
und der Ardenner Kaltblutpferde im Heysel
2002. Die Preisrichter beobachten die Pferde
beim Schritt und beim Trab. Der Eintrag ins
Stud-Book bedeutet für ein Pferd den Aufstieg
in die *Pferdearistokratie*, ähnlich der Ahnenbücher
der Adligen.

Concours d'élevage de chevaux de trait ardennais à Ambly en 2003. Un toiletteur termine la coupe des crins de queue. L'ablation de la queue, aujourd'hui interdite, permettait de découvrir les formes callipyges de l'animal. C'était le *string du cheval de trait* !

Wedstrijd paardenfokkerij van de Ardenner trekpaarden in Ambly 2003. Een schminker heeft bijna gedaan met het kappen van staartharen. Het wegkappen van de staart, vandaag verboden, was vroeger een soort *string van het trekpaard!*

Zuchtwettbewerb für Ardennerpferde in Ambly 2003. Ein Clipper schneidet die Schwanzhaare zur Vorbereitung der Vorführung. Das Coupieren des Schwanzes ist heute verboten; es war das frühere *Markenzeichen der Kaltblüter!*

„Libramont ist die Tour de France für Pferde."

Jean-Claude Louis PFERDEHALTER VON WALTER

1 | 2

1   Foire de Libramont (2003). Concours d'élevage des chevaux de trait ardennais. Le premier concours fut organisé en 1927.

2   Spectateurs à Libramont (2003). La saison des concours permet aux éleveurs et aux débardeurs de communiquer entre eux mais surtout avec les gens d'ailleurs, venus les regarder.

1   Beurs van Libramont 2003. Wedstrijd van de Ardenner trekpaarden. De eerste wedstrijd werd in 1927 georganiseerd.

2   Publiek in Libramont in 2003. Het seizoen van de wedstrijden is een tijd waarin de paardenfokkers en de bosslepers met elkaar praten en vooral met de mensen die van elders naar hen komen kijken.

1   Landwirtschaftsmesse in Libramont 2003: Wettbewerb der Ardenner Kaltblutpferde. Er wurde erstmals 1927 durchgeführt.

2   Zuschauer in Libramont 2003. Anlässlich der Wettbewerbe treffen sich Züchter und Holzrücker und natürlich auch die vielen Bewunderer dieser stolzen Pferde.

« Gagner Libramont, c'est un peu comme gagner le Tour de France pour un cycliste. »
§ Jean-Claude Louis PROPRIÉTAIRE DE WALTER

1 | 2

1 Foire de Libramont (2002). Concours de débardage, Pol Guillaume à l'épreuve de la puissance avec Nil (TB). Pour les débardeurs, ce concours est le plus prestigieux de l'année.

2 Concours de débardage d'Auby en 2003. Walter, le cheval de trait belge de Jean-Claude Louis affronte la foule !

1 Beurs van Libramont 2002. Bosslepers-wedstrijd, Pol Guillaume in een krachtproef met Nil (BT). Voor de bosslepers is deze wedstrijd de belangrijkste van het jaar.

2 Bosslepserswedstrijd van Auby 2003. Walter, het Belgische trekpaard van Jean-Claude Louis trotseert de menigte!

1 Landwirtschaftsmesse in Libramont im Jahr 2002; Wettbewerb der Holzrücker. Pol Guillaume im kraftvollen Einsatz mit Nil (BK). Für Holzrücker ist dies der angesehenste Wettbewerb des Jahres.

2 Holzrückwettbewerb in Auby 2003. Walter, das belgische Kaltblut von Jean-Claude Louis vor der Menschenmenge!

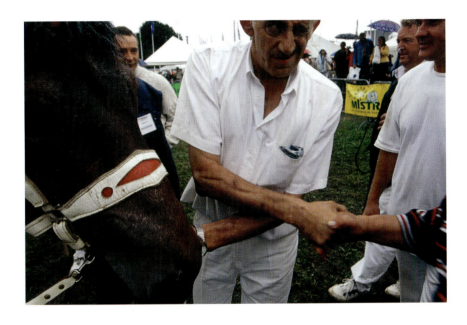 

1 Foire de Libramont 2003. Championnat des étalons ardennais. Félicité par ses pairs, Michel Pirlot – et son étalon Giovanni – ont gagné. Pour ce jovial éleveur de Grune, ancien débardeur, cela signifie des commandes de saillies en 2004 ! Une satisfaction afférente autant à Michel qu'à Giovanni…

2 Marc Graindorge et *Marquis-le-gros-genou* (TB) gagnent l'épreuve de la puissance au concours de Neffe 2003. Les règlements de ce challenge européen sont stricts afin de préserver la santé des chevaux. Seuls, trois coups de collier sont autorisés.

1 Beurs van Libramont 2003. Kampioenschap van de Ardenner trekpaarden. Michel Pirlot en zijn hengst Giovanni hebben gewonnen en krijgen felicitaties van hun collega's. Voor deze paardenfokker uit Grune, die vroeger nog bossleper was, betekent dit bestellingen voor paringen in 2004! Zowel Michel als Giovanni zijn hier tevreden mee…

2 Marc Graindorge en *Marquis met dikke knieën* (BT) winnen de krachtwedstrijd in Neffe 2003. De regels van deze Europese uitdaging zijn strikt om de gezondheid van de paarden te bewaren. Slechts drie kettingslagen zijn toegestaan.

1 Landwirtschaftsmesse in Libramont 2003: Wettbewerb der Ardenner-Hengste. Die Sieger, Michel Pirlot und sein Hengst Giovanni, werden von den Kameraden beglückwünscht. Für den jovialen Pferdezüchter, ehemaliger Holzrücker, bedeutet dies viele Beschälnachfragen für 2004. Viel Glück und Spaß für Michel und Giovanni …

2 Marc Graindorge und *Marquis mit dem dicken Knie* (BK) gehen aus dem Wettbewerb für die höchste Zugkraft in Neffe 2003 siegreich hervor. Zwecks Wahrung der Gesundheit der Pferde sind die Regeln dieses europäischen Wettbewerbs sehr strikt. Gestattet sind nur drei Zugversuche.

« Au cul d'un cheval depuis l'âge de 12 ans, je voudrais que la mort, quand elle viendra, me prenne ainsi, en plein effort. »

§ Pol Guillaume PROPRIÉTAIRE DE PIROU

Pol Guillaume, une star aînée, pose fièrement chez lui avec Nil, son cheval adoré. Pol a été inscrit au *Livre des Records* pour avoir attelé et mené 110 chevaux de trait en 1991. C'était le plus beau jour de sa vie. Magnifiant son histoire de vie, ce qui lui donne une dimension allégorique, Pol a élu domicile à perpétuité dans les souvenirs d'une jeunesse pleine de chevaux et de choses à tirer.

Pol Guillaume poseert trots bij hem thuis met Nil, zijn lievelings paard. Pol heeft in 1991 het *Recordboek* gehaald omdat hij 110 trekpaarden geleid heeft. Het was de mooiste dag van zijn leven. Het verheerlijken van zijn levensgeschiedenis geeft hem een allegorische indruk. Hij wil tot in de eeuwigheid leven net zijn herinneringen van een jeugd vol paarden en zaken die vooruitgetrokken moeten worden.

Pol Guillaume, ein alternder Star, posiert stolz mit Nil, seinem Lieblingspferd. Pol wurde ins *Rekordbuch* eingetragen, denn 1991 hat er nicht weniger als 110 Pferde angespannt und geführt. Das war der schönste Tag in seinem Leben. Pol erzählt schwärmerisch aus seinem Leben, und er träumt von seinen Jugenderinnerungen, wo es nur um Pferde und zu rückende Dinge geht.

1 | 2

1 Folklore wallon. Les étalons, Nil et Pirou, emmènent le char du Prince Carnaval de Saint Vith (2003). Dans les carnavals d'aujourd'hui, la majorité des chars sont tirés par de rutilants tracteurs mais quelques nostalgiques utilisent encore des chevaux de trait, toujours acclamés par la foule !

2 Folklore wallon : la cavalcade de Herve en 2003. Un attelage de trait ardennais conduit par Willy Zians, débardeur de Hockay. Nestor, en tête, connaît la musique.

1 Waalse folklore. De hengsten Nil en Pirou, trekken de praalwagen van Prins Carnaval van Sankt Vith (2003) vooruit. Bij de huidige carnavals worden de meeste praalwagens vooruitgetrokken door fonkelende tractoren, maar enkele nostalgische mensen gebruiken nog steeds de trekpaarden wat toegejuichd wordt door de menigte!

2 Waalse folklore: de optocht van Herve in 2003. Een span van Ardenner trekpaarden begeleid door Willy Zians, bossleper van Hockay. Nestor, op kop, kent het liedje.

1 Wallonische Folklore: Die Hengste Nil und Pirou ziehen den Wagen des Karnevalsprinzen in St. Vith 2003. Bei den heutigen Karnevalsumzügen werden die meisten Wagen von nagelneuen und kraftvollen Traktoren bewegt. Nur einige wenige, von der Menge mit starkem Beifall bedachte Nostalgiker, verwenden für diesen Zweck immer noch Kaltblüter!

2 Wallonische Folklore: die Kavalkade in Herve 2003. Ein Gespann mit Ardenner Pferden unter der fachkundlichen Leitung von Willy Zians, Holzrücker aus Hockay.

„ Das Pferd ist ein Teil von mir."

Marcel Neuville PFERDEHALTER VON POPOL

Trait pour trait
Stämme rücken
Pas na pas

À 77 ans, Pol Rixon travaille encore *pour vivre et manger*. Il dit *qu'il n'y a plus que l'amour qu'il ne fait plus tous les jours*. Depuis toujours, ses chevaux s'appellent Cognac et Whisky, bien qu'il ne boive jamais d'alcool !

Op 77-jarige leeftijd werkt Pol Rixon nog steeds *om te leven en te eten*. Hij zegt dat *de liefde het enige is dat hij niet langer elke dag bedrijft*. Zijn paarden hebben altijd Cognac et Whisky geheten, hoewel hij nooit alcohol drinkt!

Mit seinen 77 Jahren arbeitet Pol Rixon noch immer, um *etwas zum Leben und zum Essen zu haben*. Er sagt scherzhaft, *nur den Liebesakt mache er nicht mehr täglich!* Seit Anfang seines Arbeitslebens nennt er seine beiden Pferde Cognac und Whisky, obwohl er niemals Alkohol zu sich genommen hat!

« C'est un Hick ! »
§ Expression CONSACRÉE

M. Gaspard Hick, sa fille Alice, son beau-fils José et leurs enfants Audrey et Céline parmi des étalons de son élevage situé à Hombourg. Raconter l'histoire de M. Hick, c'est bousculer le temps, car retracer l'épopée de ses Ardennais, c'est aussi rendre compte de celle des hommes, puisque son élevage a commencé après la Deuxième Guerre mondiale et qu'il est aujourd'hui célèbre au-delà de nos frontières. Par l'attention à son élevage, *œuvre d'une vie*, M. Hick humanisait plus encore le cheval car, des années durant, il l'a forgé à son image. *Gentil, courageux, travailleur et résistants* sont les qualificatifs donnés à ses produits par ses clients, notamment débardeurs, fiers d'annoncer au visiteur en parlant de leur cheval : *c'est un Hick !* Ces compliments étaient la fierté de M. Hick qui une vie durant, s'est plus souvent demandé *ce qui était bon pour le cheval de trait ardennais* plutôt que *combien cela va-t-il me rapporter ?* Une distinction notable à l'heure de la rentabilité génétique ! M. Hick qui n'avait jamais été fatigué de son passé est mort en avril 2004, à l'âge de 80 ans. À son enterrement, alors qu'un rayon de soleil, tel un morceau de Dieu, pénétrait dans l'église par les vitraux centenaires, sa veuve faisait lire un texte où elle Lui demandait *de protéger ce qu'à deux ils avaient entrepris*. Elle sera entendue car la passion anime Alice, Audrey, Céline et José depuis bien longtemps…

" Dat is een Hick! "
§ Een vaste waarde

Meneer Gaspard Hick, zijn dochter Alice, zijn schoonzoon José en hun kinderen Audrey en Céline temidden van de hengsten van zijn paardenfokkerij in Hombourg. Het verhaal van Meneer Hick vertellen, is de tijd overhoophalen, want de heldendaden van deze Ardenners beschrijven, is eveneens rekening houden met de daden van het mensdom, aangezien hij met de paardenfokkerij begonnen is na de Tweede Wereldoorlog. Vandaag is hij tot over de grenzen bekend. Door zijn aandacht voor zijn fokkerij – een *levenswerk* – vermenselijkte Meneer Hick nog meer de paarden, want hij heeft ze jarenlang naar zijn beeld gekneed. *Vriendelijk, moedig, harde werker en sterk*, dat zijn de eigenschappen die hem toegekend worden, in het bijzonder door zijn klanten, de bosslepers, die er trots op zijn tegen een bezoeker over hun paard te kunnen zeggen *dat is een Hick!* Mijnheer Hick was trots op deze complimenten. Hij heeft zich heel zijn leven meer afgevraagd *wat goed was voor het Ardenner trekpaard* dan *hoeveel zal het mij opbrengen?* Mijnheer Hick die nochtans nooit moe was, is in april 2004 op 80-jarige leeftijd overleden. Op zijn begrafenis, terwijl een zonnestraal zoals een stuk van God de kerk binnenscheen door de oude ramen, liet zijn weduwe een tekst voorlezen waar ze Hem vroeg te *waken over wat ze met twee hadden ondernomen*. Ze zal gehoord zijn, want Alice, Audrey, Céline en José zijn reeds lange tijd erdoor gepassioneerd …

„ Das ist ein Hick-Pferd! "
§ Ein oft gehörter Spruch

Herr Gaspard Hick, seine Tochter Alice und sein Schwiegersohn José mit ihren Kindern Audrey und Céline inmitten der Hengste der Pferdezucht in Hombourg. Die Lebensgeschichte von Herrn Hick ist eine wahre Zeitreise, denn die Zuchtentwicklung der Ardennerpferde vermischt sich mit dem Epos der Züchter. Seine Pferdezucht begann nach dem Zweiten Weltkrieg und heute ist sie weit über die Landesgrenzen hinaus bestens bekannt. Die Pferdezucht ist das Lebenswerk des Herrn Hick; er hat seine Pferde nach seiner eigenen Lebensauffassung geformt und humanisiert: *gutmütig, arbeitsfreudig und hart im Nehmen*. Diese Qualitäten werden von den Holzrückern immer wieder erwähnt, und wenn sie den Besuchern ihr Pferd stolzerfüllt vorzeigen, sagen sie: *Das ist ein Hick!* Diese Komplimente ehren die unermüdliche Zuchtarbeit des Herrn Hick, der sich stets selbst die Frage stellt: *Was ist gut für meine Ardennerpferde?* Und nicht: *Was bringt das mir ein?* Bei der heutigen, im Vordergrund stehenden genetischen Rentabilität ist dies wohl ein gravierender Unterschied! Unermüdlich mit seiner Zuchtarbeit befasst, ist Herr Hick im April 2004 im Alter von 80 Jahren verstorben. Bei seiner Beerdigung leuchtete ein Sonnenstrahl durch die bunten, über 100 Jahre alten Kirchenfenster. Seine Witwe ließ einen Text vorlesen, worin sie den Herrn darum bat, *alles das zu beschützen, was sie beide aufgebaut haben*. Sie wird sicherlich erhört, denn die Pferdeleidenschaft beseelt Alice, Audrey, Céline und José schon seit langem …

Isidore
Van Den Hagelenberg

Isidore Van Den Hagelenberg, le célèbre étalon de trait belge appartenant à Hubert Rigaux, *au travail* sur une jument de Philippe Deconninck. Jadis, étalonier était un métier à part entière. Durant la saison des saillies, l'homme et l'étalon sillonnaient les campagnes à pied et dormaient dans les fermes. Aujourd'hui les visites sont motorisées et Isidore *rencontre* parfois trois juments le même jour, mais il aime çà !

" Het paard maakt een deel uit van mezelf. "
§ Marcel Neuville BAAS VAN POPOL

Isidore Van Den Hagelenberg, de beroemde Belgische trekhengst, eigendom van Hubert Rigaux, *aan het werk* op een merrie van Philippe Deconninck. Vroeger was hengsten fokken een beroep op zich. Tijdens de paartijd doorkruisten man en hengst het platteland te voet en sliepen ze op de boerderijen. Vandaag zijn de bezoekjes gemotoriseerd en Isidore *ontmoet* soms drie merries op dezelfde dag, maar daar houdt hij wel van!

Isidore Van Den Hagelenberg, der berühmte belgische Kaltbluthengst von Hubert Rigaux *bei der Arbeit* auf einer Stute von Philippe Deconninck. Hengsthalter sein war früher ein vollwertiger Beruf. Während der Beschälsaison ging der Halter mit seinem Hengst durch die Dörfer und übernachtete in den Bauernhöfen. Heute werden diese Besuche mit dem Lastwagen durchgeführt und manchmal kommt es bis zu drei *Begegnungen* pro Tag. Aber Isidore hat einfach Freude daran!

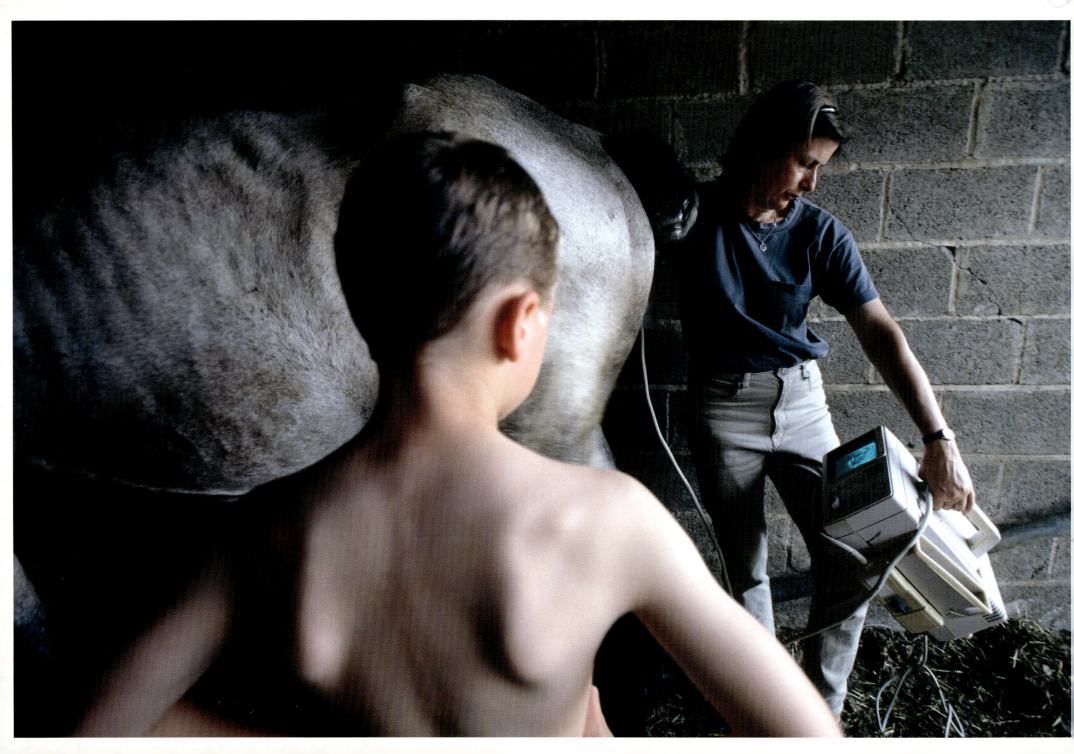

1 | 2

1 Le docteur Evelyne Mottart réalise une échographie *à domicile*. Ce vétérinaire, très apprécié des éleveurs, est officieusement la *gynécologue* des juments de trait wallonnes. Durant la saison des saillies, cette *spécialiste du cheval* parcourt des centaines de kilomètres par jour afin de réaliser d'importants *tests de grossesse*.

2 Au Centre européen du cheval de Mont-le-Soie lié à l'Université de Liège, des vétérinaires réalisent sous la direction du docteur Jean-Philippe Lejeune une étude morphométrique, biomécanique et radiographique sur un lot de 32 poulains ardennais depuis le sevrage.

1 Dokter Evelyne Mottart maakt een echografie *aan huis*. Deze veearts, erg geliefd bij de fokkers, is officieus de *gynaecologe* van de Waalse trekmerries. Tijdens de paartijd legt deze *paardenspecialiste* dagelijks honderd kilometers af om belangrijke *zwangerschapstesten* af te nemen.

2 In het Europees Centrum van het Paard in Mont-le-Soie, verbonden aan de Universiteit van Luik, zijn de veeartsen, onder leiding van dokter Jean-Philippe Lejeune, bezig aan een morfologische, biomechanische en radiografische studie op een groep van 32 Ardenner veulens.

1 Dr. Evelyne Mottart bei einer *Hausechografie*. Diese von den Züchtern sehr geschätzte Tierärztin ist die halbamtliche *Gynäkologin* der wallonischen Kaltblutstuten. Während der Beschälsaison fährt diese *Pferdespezialistin* täglich Hunderte von Kilometern, um *Trächtigkeitstests* durchzuführen.

2 Im Europäischen Pferdezentrum in Mont-le-Soie (verbunden mit der Universität Lüttich) führen Tierärzte unter Anleitung von Dr. Jean-Philippe Lejeune eine morphometrische, biomechanische und radiographische Untersuchung an 32 Ardennerfohlen durch.

Roger de la Vallée

Hubert Rigaux, éleveur de chevaux de trait belges
à Wépion est heureux. Fils de Bram Van Hoindonck
et de Rosita de la Vallée, le poulain, Roger de la Vallée,
vient de naître sans problèmes. Hubert et madame Nicole
se sont relayés trois jours et trois nuits pour surveiller
la jument grâce à une caméra installée dans le box.

Hubert Rigaux, paardenfokker van Belgische trekpaarden
te Wépion is tevreden. Het jong van Bram Van Hoindonck
en Rosita de la Vallée, het veulen Roger de la Vallée, kwam
zonder problemen ter wereld. Hubert en mevrouw Nicole
hebben elkaar afgelost om de merrie in de gaten houden,
met behulp van een camera in de paardenbox.

Der Züchter belgischer Kaltblutpferde aus Wépion,
Hubert Rigaux, ist voller Freude, denn der Sohn von Bram
Van Hoindonck und von Rosita de la Vallée, das Fohlen Roger
de la Vallée, ist soeben auf die Welt gekommen. Mit Hilfe einer
in der Zuchtbox installierten Kamera hat er, im Wechsel mit
seiner Frau Nicole, die Stutenmutter genau im Auge behalten

1   Le docteur Mathieu Arrens et son assistant castrent Sultan (TB). Pol Guillaume, sans doute par *mimétisme*, n'ose pas regarder !

2   À la Faculté de Médecine vétérinaire de l'Ulg, le docteur Monika Gangl prépare un champ opératoire sur un étalon qui bientôt ne le sera plus. L'hongre ainsi obtenu sera plus apte au travail car moins fougueux, et surtout moins *distrait* par les juments des alentours.

1   Dokter Mathieu Arrens en zijn assistent castreren Sultan (BT). Pol Guillaume durft niet kijken, waarschijnlijk stelt hij zich in de plaats van het paard.

2   De afdeling diergeneeskunde van de ULG; dokter Monika Gangl is een operatiekamer aan het voorbereiden voor een hengst, die binnenkort geen hengst meer zal zijn. Gecastreerd, zal hij beter geschikt zijn voor het werk, omdat hij dan minder driftig zal zijn en vooral minder *verstrooid* door de merries in de omgeving.

1   Der Tierarzt Dr. Mathieu Arens und sein Assistent kastrieren Sultan (BK). Pol Guillaume vermeidet den Anblick dieses Eingriffes!

2   In der tiermedizinischen Fakultät der Lütticher Universität bereitet Dr. Monika Gangl die Operation eines Hengstes vor, der bald keiner mehr sein wird! Der nun weniger ungestüme Wallach eignet sich besser für die Zugarbeit und vor allen Dingen wird er sich weniger von den Stuten ablenken lassen.

Manu Lisin, de la cinquième génération de maréchal-ferrant, au travail chez Philippe Deconninck. Professeur à l'école de maréchalerie de Bruxelles, il est très apprécié par de nombreux débardeurs et éleveurs. Grâce à sa docilité, le cheval de trait pose rarement des problèmes lors du ferrage.

Manu Lisin, 5de generatie van hoefsmeden, aan het werken bij Philippe Deconninck. Als leraar aan de school van hoefsmederij van Brussel is hij erg geliefd door de talrijke bosslepers en paardenfokkers. Aangezien hij heel gehoorzaam is, veroorzaakt het trekpaard zelden problemen wanneer hij beslaan wordt.

Manu Lisin, Hufschmied in fünfter Generation, bei der Arbeit bei Philippe Deconninck. Als Lehrer an der Schule für Hufschmiede in Brüssel genießt er bei vielen Holzrückern und Pferdezüchtern ein hohes Ansehen. Beim Hufbeschlag bleiben die geduldigen Kaltblüter meist ruhig und gelassen.

„Dieser Beruf stirbt aus."

§ Philippe Deconninck PFERDEHALTER VON ALBION

À 73 ans, Oger Deplus, bourrelier d'Heure-en-Famenne, est sans doute le dernier de son espèce. Entre la force motrice qu'est le cheval et la charge à tirer, un agent de liaison est nécessaire, soit le collier d'épaule et le harnais qu'il fabrique de manière artisanale et secrète pour de nombreux débardeurs. Ce *vêtement de travail* s'adapte à un seul cheval car son rembourrage en prend la forme.

Op 73-jarige leeftijd is Oger Deplus, een zadelmaker uit Heure-en-Famenne, waarschijnlijk de laatste van zijn soort. Tussen de stuwkracht, het paard en de last die vooruitgetrokken moet worden, is een tussenvoorwerp nodig, namelijk de schouderketting en het paardentuig die hij op een ambachtelijke en geheime manier maakt voor de talrijke bosslepers. Deze *werkkledij* is enkel geschikt voor één enkel paard, want de vulling ervan neemt de vorm van het paard aan.

Mit seinen 73 Jahren ist der Sattler Oger Deplus aus Heure-en-Famenne wohl der letzte seines Fachs. Zwischen der Kraft des Pferdes und der zu bewegenden Last ist ein Pufferstück notwendig, d.h. Kummet und Siele, die er noch rein handwerklich für viele Holzrücker herstellt. Diese *Arbeitskleidung* der Pferde wird für jedes Tier individuell hergestellt, auch wird die Polsterung an das jeweilige Pferd genau angepasst.

Pol Guillaume [71 ans] dans le box de Nil [TB], son étalon. Pol n'est pas croyant mais il explique que *le crucifix ne peut pas faire de mal à Nil*, convalescent.

Pol Guillaume [71 jaar] in de box van Nil [BT], zijn hengst. Hoewel Pol niet gelovig is, zegt hij dat *het kruisbeeld geen kwaad kan voor Nil*; hij is al aan de betere hand.

Pol Guillaume [71 Jahre] in der Box seines Hengstes Nil [BK]. Obschon Pol nicht sehr gläubig ist, erklärt er, *dass das Kreuz seinem genesenden Nil keinen Schaden bringen wird.*

« Mon métier, c'est vivant. »
Bernard Zachary PROPRIÉTAIRE DE BRUNO

Met grote passen
À grands traits
Mit starkem Ruck

Raymond Nélisse [55 ans] pénètre dans la belle forêt de Libin avec Fina [TA], une jument un peu fofolle, et Gus [TB], un hongre courageux. Sur le territoire de cette commune, les face-à-face avec le gibier sont fréquents. Un jour, des marcassins ont volé les tartines de Raymond !

Raymond Nélisse [55 jaar] komt het mooie bos van Libin binnen met Fina [AT], een vrolijke merrie en Gus [BT] een moedige, gecastreerde hengst. Op het grondgebied van deze gemeente komt men vaak wilde dieren tegen. De boterhammen van Raymond zijn al eens gestolen geweest door everjongen!

Raymond Nélisse [55 Jahre] geht in den schönen Wald bei Libin mit Fina [AK], einer leicht überspannten und rappeligen Stute, und Gus [BK], einem arbeitswilligen Wallach. In diesen Wäldern begegnet man oft so manchem Stück Wild. Es ist schon mal vorgekommen, dass Frischlinge Raymonds Butterbrote aufgefressen haben.

1	2
3	4

1 Dans un talus du Luxembourg, Sultan (TA), le cheval de Jojo Nivarlet, est tombé la tête en bas. Incapable de se relever, c'est Marquis (TA), qui va le redresser, sans dommages.

2 Jojo Nivarlet (57 ans) au travail dans les difficiles parcelles du Luxembourg. Il lui arrive de donner de la voix, si fort qu'il en vient à perturber le vol des oiseaux. Jamais Sultan (TA) ne se risquerait à le contredire, par crainte de déclencher en retour une crise d'apoplexie chez son meneur.

3 Michaël Nélisse (18 ans) et Gus (TB) au travail. Intense et timide à la fois, Michaël termine ses humanités et rêve de devenir débardeur comme son père Raymond. Malgré sa grande connaissance des chevaux, son père refuse qu'il fasse ce métier *qui ne rapporte rien et qui ne mène à rien !*

4 André Breuskin (61 ans), champion de Belgique de débardage 2003, et Gamin (TA) au travail. Afin de faciliter la manœuvre d'une lourde grume, André a enroulé la chaîne autour de celle-ci afin d'entraîner une rotation par traction.

1	2
3	4

1 Op een helling in Luxemburg is Sultan (AT), het paard van Jojo Nivarlet met zijn hoofd naar beneden gevallen. Hij kan zelf niet rechtstaan, dus helpt Marquis (AT) hem, zonder enige schade.

2 Jojo Nivarlet (57 jaar) aan het werk in de moeilijke percelen van Luxemburg. Soms roept hij zo hard dat hij de vliegende vogels schrik aanjaagt. Sultan (AT) zou hem nooit zo durven tegenspreken, uit vrees te zijn een beroerte te veroorzaken bij zijn leider.

3 Michaël Nélisse (18 jaar) en Gus (BT) aan het werk. Zowel intens als verlegen, maakt hij zijn middelbare studies af en droomt hij ervan bossleper te worden zoals zijn vader. Ondanks zijn grote kennis over paarden, weigert zijn vader hem dit beroep te laten uitoefenen *omdat het niets opbrengt en tot niets leidt*.

4 André Breuskin (61 jaar), Belgisch kampioen bossleperij in 2003 en Gamin (AT) aan het werk. Om een zware schors gemakkelijker te trekken, heeft André zijn ketting rondom gewikkeld: de trekkracht zorgt voor een draaiende beweging.

1 In Luxemburg fiel Sultan (AK), das Pferd von Jojo Nivarlet, kopfüber einen Abhang hinunter. Aus eigenen Kräften konnte es nicht wieder auf die Beine kommen. Da musste Marquis (AK) ihm helfen. Alles verlief ohne Verletzungen!

2 Jojo Nivarlet (57) bei der Arbeit auf schwierigen Parzellen in Luxemburg. Dabei kann er schon mal so laut werden, dass die Vögel plötzlich ihre Flugrichtung ändern. Sultan (AK) widerspricht ihm dann nicht, denn dies könnte bei seinem Führer vielleicht einen Schlaganfall auslösen.

3 Michael Nélisse (18) und Gus (BK) bei der Arbeit. Gleichzeitig lebensfroh und schüchtern macht Michael jetzt sein Abitur und träumt davon, Holzrücker wie sein Vater zu werden Obschon er einiges von Pferden versteht, möchte sein Vater ihn von diesem Beruf abhalten, *denn der bringe nichts ein und führt auch zu nichts!*

4 André Breuskin (61), Sieger bei der belgischen Holzrückermeisterschaft 2003, und Gamin (AK) bei der Arbeit. Um einen schweren Stamm zu bewegen hat André eine Kette darum gewunden. Durch den Zug dreht sich der Stamm.

Tino

Éric Collin (dit *le Mazett*) [30 ans] et son étalon Tino [TA] au travail près de Villers-la-Ville. Ce jeune débardeur de Bertrix a été champion de Belgique de débardage en 2001 et 2002.

Éric Collin (*de Mazett* genoemd) [30 jaar] en zijn hengst Tino [AT] aan het werk in de buurt van Villers-la-Ville. Deze jonge bossleper uit Bertrix was Belgisch kampioen bossleperij in 2001 en 2002.

Éric Collin (*le Mazett* genannt) [30 Jahre] und sein Hengst Tino (Ardenner) bei der Arbeit in der Nähe von Villers-la-Ville. Dieser junge Holzrücker aus Bertrix ging bei den belgischen Holzrückerwettbewerben 2001 und 2002 als Nationalsieger hervor.

André Louis (65 ans) et Gamin (TA) au Luxembourg. De nombreux débardeurs de Bastogne ont régulièrement du travail dans ce pays où les primes accordées aux propriétaires de bois faisant appel à des chevaux pour débarder sont supérieures à celles accordées en Wallonie.

André Louis (65 jaar) en Gamin (AT) in Luxemburg. Talrijke bosslepers uit Bastenaken hebben regelmatig werk in dit land waar de premies voor de boseigenaars die een beroep doen op paarden om bossen te slepen, hoger zijn dan in Wallonië.

André Louis (65 Jahre) und Gamin (AK) im Großherzogtum Luxemburg. Viele Holzrücker arbeiten regelmäßig in diesem Land, denn die hier an die Waldeigentümer bewilligten Prämien für den Einsatz von Rückepferden sind höher als in der Wallonie.

84 §

Vaillant

Marc Graindorge [40 ans] et Vaillant [TA].
Pour ce débardeur de Mabompré,
les certitudes se logent au fond
de la sapinière.

Marc Graindorge [40 jaar] en Vaillant [AT].
Voor deze bossleper uit Mabompré,
betekent de dennenboom alles,
ze bieden hem zekerheid aan.

Marc Graindorge [40 Jahre] und Vaillant [AK].
Für diesen Holzrücker aus Mabompré
liegt die eigentliche Wahrheit tief im
dunklen Fichtenwald.

„Mein Beruf ist mein Leben."
§ Bernard Zachary PFERDEHALTER VON BRUNO

Page suivante
René Bodart (50 ans) avec Loustic et Navajo, deux Ardennais nés dans son élevage. Pour un débardeur, travailler avec des *produits-maison* est une fierté !

Volgende pagina
René Bodart (50 jaar) met Loustic en Navajo, twee Ardenners geboren in zijn fokkerij. Voor een bossleper, is werken met *huis-producten* iets om trots op te zijn!

Nachfolgende Seite
René Bodart (50 Jahre) mit Loustic und Navajo, zwei in seinem Betrieb geborene Ardenner Kaltblüter. Ein Holzrücker ist immer von Stolz erfüllt, wenn er mit seinen *eigenen Produkten* arbeiten kann.

" Ik heb een levendig beroep."

§ Bernard Zachary BAAS VAN BRUNO

1 | 2

1   Avant d'entrer dans la pessière, Noël Nivarlet ^(59 ans) coiffe Moka *pour la photo* ! Moka est un étalon comptois.

2   Raymond Bodson ^(66 ans) et Loulou ^(TA). Toujours prêt à affronter la boue ou le froid, l'homme aurait pu mal tourner et devenir triste comme la pluie ou ennuyeux comme le brouillard. Au contraire, Raymond est un blagueur.

1   Alvorens het dennenbos in te gaan, maakt Noël Nivarlet ^(59 jaar) Moka klaar *voor de foto*! Moka is een hengst uit Comptois.

2   Raymond Bodson ^(66 jaar) en Loulou ^(AT). Altijd klaar om modder of kou te trotseren. Het had slecht kunnen aflopen met deze man, hij had triestig zoals de regen of onaangenaam zoals de mist kunnen worden. Raymond is in tegendeel een grappenmaker.

1   Vor dem Gang in die Fichtenparzelle bereitet Noel Nivarlet ^(59 Jahre) Moka *für das Foto vor*. Moka ist ein Comptois-Hengst.

2   Raymond Bodson ^(66 Jahre) und Loulou ^(AK). Raymond ist stets bereit im Schlamm und in der Kälte zu arbeiten. So mancher wäre dabei wohl griesgrämig und unzufrieden geworden. Aber ganz im Gegenteil: Raymond ist ein Witzbold!

|1|3|
|2| |

1-2 Marcel Neuville (60 ans) et son frère Michel dit *Le Noir* (59 ans) se réchauffent au bord du feu après une matinée passée sous la pluie. Marcel, pour qui le bonheur n'est qu'au bois depuis quarante-quatre ans, est le meilleur débardeur wallon.

3 Éric Collin (30 ans) et Tino (TA) font une pause. Malgré son courage, ce couple ne pouvait lutter contre la *modernité galopante* à l'action dans la même parcelle. Fin de journée, cette machine de 350.000 € rendra leur travail dérisoire. Sans compter évidemment les arbres non marqués abattus, les plaies ignorées par un garde forestier absent et l'écrasement des racines qui se révélera bien plus tard...

1-2 Marcel Neuville (60 jaar) en zijn broer, Michel *de zwarte* genoemd (59 jaar) verwarmen zich aan het vuur na een hele voormiddag in de regen. Marcel vindt al 44 jaar zijn geluk in de bossen, hij is de beste Waalse bossleper.

3 Éric Collin (30 jaar) en Tino (AT) nemen een pauze. Ondanks hun uithoudingsvermogen, kan het koppel niet vechten tegen het *galopperende modernisme* dat in hetzelfde perceel werkt. Op het einde van de dag maakt deze machine van 350.000 € hun werk overbodig. Uiteraard houdt de machine geen rekening met de niet- gemarkeerde bomen die toch omgehakt worden, de beschadigingen die niet vastgesteld worden – omdat de boswachter er niet bij is – en de verplettering van de wortels die pas veel later zichtbaar...

1-2 Marcel Neuville (60 Jahre) und sein Bruder Michel (59 Jahre) (*der Schwarze* genannt) wärmen sich am Feuer nach einem verregneten Vormittag. Marcel, der nur im Walde seit 44 Jahren glücklich sein kann, ist der beste wallonische Holzrücker.

3 Éric Collin (30 Jahre) und Tino (AK) machen Pause. Trotz seiner großen Arbeitsleistung kam dieses Gespann nicht gegen die *motorisierte Konkurrenz* in der gleichen Waldparzelle an. Am Ende des Arbeitstages machte diese 350.000 € teure Maschine die Arbeit des Pferdes fast lächerlich. Die Maschine hat allerdings viele nicht gezeichnete Bäume umgerissen, an der Rinde beschädigt (der abwesende Förster ignoriert dies) und viele Wurzeln zerfetzt ... Die wahren Schäden werden erst viel später offenkundig!

Alors que Tino (TA) souffle durant une pause, Éric Collin (39 ans) rassemble des petits bois à tirer.

Terwijl Tino (AT) uitblaast tijdens een pauze, verzamelt Éric Collin (30 jaar) kleine stukken hout die weggevoerd moeten worden.

Tino (AK) bei der Verschnaufpause, während Eric Collin (30 Jahre) einige kleine Stämme zum Rücken vorbereitet.

Pirou, l'étalon percheron de Pol Guillaume faisant exceptionnellement preuve de vélocité. N'ayant ni foi ni Dieu, Pol ne redoute que le néant, soit le jour où il n'y aura plus de chevaux de trait.

Pirou, de hengst uit de Perche-streek van Pol Guillaume die eens, uitzonderlijk, snel is. Pol, die geen geloof noch God kent, is enkel bang voor de dag waarop de trekpaarden niet meer zullen bestaan, wat voor hem de vergankelijkheid betekent.

Pirou, der Percheron-Hengst von Pol Guillaume ist ausnahmsweise schnell bei der Arbeit. Ohne Glauben und ohne Gott fürchtet sich Pol nur vor dem Nichts, das heißt für ihn vor dem Tag, an dem es keine Zugpferde mehr geben wird.

Johnny

1 Marc Graindorge (40 ans) et Vaillant (TA). L'usage du cordon, rêne simple pour guider le cheval, est une technique unique au monde !

2 André Breuskin (61 ans) et son fils Patrice (28 ans). Patrice est un des rares fils de débardeur à avoir adopté le métier de papa, mais Patrice, en garçon bien élevé, écoute toujours les conseils de son père !

1 Marc Graindorge (40 jaar) en Vaillant (AT). Het gebruik van het koord, enig middel om een paard mee te leiden, is een unieke techniek in de wereld!

2 André Breuskin (61 jaar) en zijn zoon Patrice (28 jaar). Patrice is één van de weinige bosslepersonen die het beroep van zijn vader beoefent, maar Patrice, een goed opgevoede jongen, luistert naar altijd de goede raad van zijn vader!

1 Marc Graindorge (40 Jahre) und Vaillant (AK). Die Führung des Pferdes mit dem Seil als einzigem Zügel ist weltweit einzigartig!

2 André Breuskin (61 Jahre) und sein Sohn Patrice (28 Jahre). Patrice ist einer der wenigen Holzrückersöhne, die den Beruf des Vaters weiterführen werden. Der wohlerzogene Patrice beachtet die weisen Ratschläge seines Vaters!

« Aller travailler avec mon cheval,
c'est comme aller à la ducasse, c'est du plaisir ! »

§ Fabrice Marcolongo PROPRIÉTAIRE D'ALDO

1 | 2

1   Willy Zians (64 ans) et son fils
    François (34 ans). Quand les bois ont
    été mal coupés par les bûcherons,
    la tâche est ardue.

2   André Louis (65 ans) et Gamin (TA)
    tirent les grumes en bordure
    de forêt.

Page suivante
Au petit matin, Paul Lonsin
et son équipe traversent une pâture
luxembourgeoise en jachère pour
se rendre dans la coupe. Dans ce
groupe, las des blessures, ils sont
plusieurs à porter des jambières de
football pour se protéger les tibias.

1   Willy Zians (64 jaar) en zijn zoon
    François (34 jaar). Wanneer de bossen niet
    goed gekapt zijn door de houthakkers,
    is het werk lastig.

2   André Louis (65 jaar) en Gamin (AT)
    nemen de schorsen mee naar
    de bosrand.

Volgende pagina
's Morgens vroeg vertrekken Paul Lonsin
en zijn ploeg naar een braakliggende
Luxemburgse weide om te gaan kappen.
In deze groep zijn er verschillende die
het beu zijn verwondingen op te lopen
en daarom hun scheenbenen beschermen
met voetbal-beenbeschermers.

1   Willy Zians (64 Jahre) und sein Sohn
    François (34). Von den Waldarbeitern
    schlecht gefällte Bäume bereiten
    den Rückern so manche Probleme.

2   André Louis (65) und Gamin (AK)
    schleppen die Stämme zum
    Waldesrand.

Nachfolgende Seite
Paul Lonsin und seine Mannschaft
passieren frühmorgens eine nicht
bewirtschaftete Weide in Luxemburg,
um zum Kahlschlag zu gelangen. Um
Verletzungen zu vermeiden tragen
einige Schienbeinschützer wie die
Fußballer.

1-2 Sur-Le-Thier de Winamplanche, Francis Chalsèche (64 ans) et Rival (TB) partent au travail. Francis dit de lui *qu'il est un bon camarade* et, pour illustrer sa volonté, *que dans les crasses, il n'est pas vite gêné !*

1-2 Sur-Le-Thier de Winamplanche, Francis Chalsèche (64 jaar) en Rival (BT) gaan werken. Zijn paard is *een goede kameraad*. Om zijn moed aan te tonen, zegt hij dat hij *niet verlegen is om wat vuiligheid!*

1-2 In Sur-le-Thier de Winamplanche gehen Francis Chalsèche (64) und Rival (BK) zur Arbeit. Sein Pferd *ist sein guter Kamerad*. Um die Arbeitsfreude seines Pferdes zu illustrieren sagt er, dass *die raue Arbeit im Wald ihm nichts ausmache.*

1 | 2

Fidji

1   Après une journée de travail, Jimmy et Marquis (TA)
    attendent Luc Neuville (40 ans) pour rentrer
    dans le camion.

2   Marc Abinet (40 ans) quitte les bois de Ronce
    après une journée de travail avec Manix et Fidji (TA).
    Quand Marc débardait à moins de cinq kilomètres
    de chez lui (Langlire), il s'y rendait à pied,
    à l'ancienne, accompagné de ses demi-loups. En mai
    2004, Marc a abandonné le cheval pour la machine.

1   Na een werkdag wachten Jimmy en Marquis (AT) op
    Luc Neuville (40 jaar) om in de vrachtwagen te stappen.

2   Marc Abinet (40 jaar) verlaat de bossen van Ronce
    na een werkdag met Manix en Fidji (AT). Toen Marc op
    minder dan 5 km van zijn huis bossleepte (Langlire),
    ging hij er te voet naartoe, zoals in de oude tijd,
    vergezeld van zijn wolfshonden. In mei 2004, ruilde
    Mark de paarden in voor machines.

1   Nach einem harten Arbeitstag warten Jimmy
    und Marquis (AK) auf Luc Neuville (40 Jahre),
    um in den Lastwagen einsteigen zu dürfen.

2   Nach einem harten Arbeitstag verlässt Marc Abinet (40 Jahre)
    den Wald von Ronce in Begleitung von Manix und Fidji (AK).
    Wenn Marc im Umkreis von 5 km von seinem
    Heimatort Langlire Holz rückte, ging er nach alter Sitte
    mit seinen Pferden dorthin. Im Mai 2004 hat er seine
    Pferde durch Maschinen ersetzt.

1 | 2

1 Claudy Maraga (54 ans) attache Peggy dans le camion avant de rentrer à la maison. Claudy est allergique aux chevaux qui lui donnent de l'asthme. Au médecin qui lui recommanda de changer de métier, Claudy répliqua : *Si vous étiez allergique aux patients, changeriez-vous de métier ?*

2 Luc Neuville range son matériel dans le camion avant de charger Jimmy et Marquis (TA). Luc, qui reste toujours sur son quant-à-soi, aime le silence et le calme visuel, c'est-à-dire la forêt !

1 Claudy Maraga (54 jaar) maakt Peggy vast in de vrachtwagen vóór ze naar huis terugkeren. Claudy is allergisch voor paarden en hij krijgt er astma van. Tegen de dokter die hem een ander beroep aanraadt, antwoordt hij *als u allergisch was voor patiënten, zou u dan van beroep veranderen?*

2 Luc Neuville legt zijn werkmateriaal in de vrachtwagen vóór hij Jimmy en Marquis (AT) erin laat stappen. Luc, die altijd terughoudend is, houdt van de zichtbare stilte en kalmte, met andere woorden van het bos!

1 Vor der Heimreise befestigt Claudy Maraga (54 Jahre) seine Peggy im Lastwagen. Claudy hat Asthma aufgrund einer Allergie gegen Pferde. Sein Arzt legte ihm einen Berufswechsel nahe. Claudy antwortete entrüstet: *Wenn Sie allergisch auf Patienten wären, würden Sie dann auch den Beruf wechseln?*

2 Luc Neuville verstaut seine Geräte im Lastwagen bevor Jimmy und Marquis (AK) einsteigen. Luc legt großen Wert auf seine Unabhängigkeit und liebt die Ruhe, d.h. den Wald.

Pol Guillaume [71 ans] abreuve Pirou, un placide étalon percheron. Quand Pol découvre une coupe, il la voit comme un échiquier où il sera roi.

Pol Guillaume [71 jaar] geeft water aan Pirou, een hengst uit de Perche-streek. Wanneer Pol een stuk bos ziet dat omgehakt moet worden, is het voor hem als een schaakbord waar hij de Koning kan zijn.

Pol Guillaume [71 Jahre] tränkt Pirou, einen Percheron-Hengst. Sobald Pol einen Kahlschlag entdeckt, empfindet er diesen wie ein Schachbrett auf dem er König sein wird …

« Il est midi. On va casser l'avoine ! »
§ Marcel Neuville PROPRIÉTAIRE DE JEK

Marcel Neuville (60 ans) et son placide Jek (TB) font une pause. Pour Marcel, le passé est un rêve impossible. Il aurait tant aimé vivre à l'époque où tout se faisait avec son cheval. Marcel est un guetteur de saisons qui, lorsqu'il ne travaille pas, aime regarder défiler les nuages. Pour cet homme qui n'est pas seulement modeste mais distant à son propre égard, la transpiration du cheval est l'écume de ses jours. Le bonheur…

Marcel Neuville (60 jaar) en zijn rustige Jek (BT) nemen een pauze. Voor Marcel is het verleden een onmogelijke droom, want hij zou nog zo graag in de tijd leven waar hij alles met zijn paard deed. Marcel houdt van de seizoenen. Wanneer hij niet werkt, houdt hij ervan naar de voorbijgaande wolken te kijken. Voor deze man, die niet enkel bescheiden is, maar bovendien – naar eigen zeggen – ook afstandelijk, is paardenzweet zijn dagelijkse geluk…

Marcel Neuville (60 Jahre) und sein sanftmütiger Jek (BK) bei einer Arbeitspause. Marcel denkt oft über sein früheres Leben nach und meint, dass er am liebsten in einer Zeit gelebt hätte, in der noch alles mit Pferden gemacht wurde. Er freut sich am Wechsel der Jahreszeiten, und bei Arbeitspausen beobachtet er die dahinziehenden Wolken. Für diesen genügsamen Menschen ist der Schweiß seines Pferdes das reine und wahre Glück des Lebens …

108 §

„ Er gehorcht mir besser als meine Frau, und dann setzt er noch eins drauf, denn selbst wenn sie zuhört, zieht sie nicht …!"

§ Raymond Bodson ÜBER SEIN PFERD LOULOU

Fin de journée. Raymond Bodson (66 ans) dans son camion, avant de prendre la route. Cet homme aux yeux myosotis est un lutin bavard. Il explique: *à contre-cœur, je vais bientôt prendre ma retraite car je deviens dur là où je devrais être mou et je deviens mou là où je devrais être dur !*

Einde van de dag. Raymond Bodson (66 jaar) in zijn vrachtwagen, vóór hij vertrekt. Deze man met myosotise ogen is een welbespraakte plaaggeest. Hij zegt over zichzelf : *tegen beter weten in, ga ik weldra met pensioen want ik word hard, daar waar ik zacht zou moeten zijn en zacht waar ik hard zou moeten zijn!*

Ende der Tagesarbeit: Raymond Bodson (66 Jahre) in seinem Lastwagen vor der Heimfahrt. Dieser blauäugige Mann ist ein geschwätziger Poltergeist. Er sagt von sich selbst: *Ich bin wie ein alter Gaul und keiner wird mich mehr gefügig machen können.*

1 | 2

1 À la tombée de la nuit, Willy Zians [64 ans] et Nestor [TA] quittent les bois de Stavelot. Depuis la vision d'un documentaire télévisé sur les cornacs indonésiens, Willy rêve de débarder un jour avec un éléphant !

2 Willy Zians et Dominique dit *Le P'tit Gris*. Depuis 2004, Willy ne va plus au bois tous les jours. Il a, pour vieille compagne, une douleur à la jambe, souvenir d'un cas difficile.

1 Bij het vallen van de avond verlaten Willy Zians [64 jaar] en Nestor [AT] de bossen van Stavelot. Sinds hij een documentaire op de televisie gezien heeft over de olifantenoppassers in Indonesië, droomt hij ervan op een dag met een olifant te gaan bosslepen.

2 Willy Zians en Dominique, *de kleine grijze* genoemd. Sinds 2004 gaat Willy niet meer elke dag naar de bossen. Hij heeft pijn aan zijn been; een aandenken aan een moeilijk geval.

1 Bei Nachtanbruch verlassen Willy Zians [64 Jahre] und Nestor [AK] den Wald in der Nähe von Stavelot. Seitdem er einen Dokumentarfilm über die Kornaks (Elefantenführer) in Indonesien am Fernseher gesehen hat, träumt er davon, eines Tages Holz mit Elefanten zu rücken!

2 Willy Zians und Dominique, *der kleine Graue* genannt. Wegen Schmerzen an einem Bein geht Willy nicht mehr an allen Tagen zur Arbeit in den Wald.

« Arrête de faire la bête, le foin est trop cher ! »
§ Léon Burnotte à GAMIN LORSQU'IL N'ÉCOUTE PAS

1 | 2

1 Excepté le téléphone portable et le camion, le matériel du débardeur est le même depuis des décennies. Nestor [TA].

2 Fin de journée dans les bois de Banneux. Léon Burnotte [47 ans] laisse son fier Gamin [TB] rentrer dans le camion. Ce puissant hongre à la robe gris-fer cap de Maure est la fierté de son propriétaire.

1 Buiten een mobiele telefoon en een vrachtwagen, bleef het werkmateriaal van de bossleper reeds decennia lang hetzelfde. Nestor [AT].

2 Einde van de dag in de bossen van Banneux. Léon Burnotte [47 jaar] laat zijn trotse Gamin [BT] in de vrachtwagen stappen. Léon is trots op deze krachtige gecastreerde hengst met metaalgrijze vacht, afkomstig uit Maure.

1 Vom Mobiltelefon und vom Lastkraftwagen einmal abgesehen, sind die vom Holzrücker eingesetzten Geräte seit Jahrzehnten die gleichen geblieben. Nestor [AK].

2 Ende der Tagesarbeit in den Wäldern von Banneux. Léon Burnotte [47 Jahre] lässt seinen stolzen Gamin [BK] in den Lastwagen einsteigen. Dieser kraftvolle Wallach mit seinem eisengrauen Fell Cap de Maure ist der ganze Stolz von Léon.

" Het paard, de kracht achter de mens!"
Jojo Nivarlet BAAS VAN MARQUIS

Trait très froid
Dat is pas koud!
In eisiger Kälte

Retour au camion pour Francis Rondeaux (30 ans), Mouche et Chips (TA).

Terugkeer met de vrachtwagen van Francis Rondeaux (30 jaar), Mouche en Chips (AT).

Heimfahrt im Lastwagen. Francis Rondeaux (30 Jahre), Mouche und Chips (AK).

Mouche

Profitant d'un sol gelé, Yvon Moreau [42 ans] et sa Mouche [TA] terminent une botte dans une pâture de Muno. Fin de journée, avec sa machine de débardage, il emmènera toutes ces bottes en bord de route où des camions envoyés par la scierie les chargeront.

„ Pferdestärken, die Kraft des Mannes."
§ Jojo Nivarlet PFERDEHALTER VON MARQUIS

Terwijl ze profiteren van een bevroren bodem, leggen Yvon Moreau [42 jaar] en zijn Mouche [AT] de laatste hand op een bundel op een weide in Muno. Op het einde van de dag zal hij met zijn bosslepermachine al deze bundels naar de baan slepen. Daar zullen de vrachtwagens van de zagerijen ze komen ophalen.

Yvon Moreau [42 Jahre] und seine Mouche [AK] nutzen den Frost und setzen einen Packen Stämme auf einer Weide von Muno ab. Am Ende des Tages wird er diese Stämme mit einer Rückmaschine bis an einen Waldweg bringen. Hier werden sie von den Holzlastwagen des Sägewerkes aufgeladen und abtransportiert.

1 Malgré la froidure, de nombreux débardeurs travaillent sans gants afin de conserver un excellent toucher du cordon et de la chaîne, vecteurs d'informations importantes.

2 Dans la forêt d'Herbeumont, Duchesse (TA), la jument expérimentée d'Éric Collin (30 ans), prend la diagonale de la botte afin d'y glisser avec précision le bois tiré.

1 Ondanks het koude weer werken veel bosslepers zonder handschoenen om hun koord en de ketting beter te kunnen vasthouden; zij geven immers belangrijke informatie door.

2 In het bos van Herbeumont neemt Duchesse (AT), de ervaren merrie van Éric Collin (30 jaar), het diagonaal van de bundel om er het hout accuraat op te laten glijden.

1 Selbst bei beißender Kälte ziehen viele Holzrücker keine Handschuhe an. Ohne Handschuhe hat man ein besseres „Feeling" an Leine und Kette, denn das Pferd braucht die kaum fühlbaren, allerdings Ausschlag gebenden Informationen.

2 Duchesse (AK), die erfahrene Stute von Éric Collin (30 Jahre) im Wald bei Herbeumont, schleppt die Stämme haargenau zur vorgesehenen Stelle.

Michaël Nélisse, fils de Raymond, n'a qu'une passion : le cheval de trait; un seul rêve : devenir débardeur et une seule patrie : la forêt.

Michaël Nélisse, zoon van Raymond, heeft maar één passie: het trekpaard; één droom: bossleper worden en één vaderland: het bos.

Michael Nélisse, Raymonds Sohn, kennt nur eine Leidenschaft – das Rückepferd. Sein einziger Traum: Holzrücker in seinem Reich, dem Wald, zu werden.

120 §

Quand Gamin (TB) force, il est le Pégase de la forêt. Une tonne de muscles en plein vol, un colosse à la robe métallique que rien n'arrête. Arc-bouté à ses fers de feu, ahanant sa force mystérieuse, il est pourtant d'une douceur étonnante. Quand il s'applique au travail, il est un bienfaiteur de la cause humaine.

Wanneer Gamin (BT) zich hard inspant, is hij de Pegasus van het bos. Hij is een ton spieren, een kolos met een metaalgrijze huid, die door niets kan tegengehouden worden. Stevig in zijn hoefijzers, zijn mysterieuze krachten uithijgend, is hij nochtans verbazingwekkend zachtaardig. Wanneer hij zich op zijn werk toelegt, is hij een weldoener voor de mens.

Wenn Gamin (BK) sich anstrengt, ist er der geflügelte Pegasus im Wald. Mit fast einer Tonne Muskeln in voller Aktion ist der metallisch schimmernde Koloss nicht zu bremsen. Mit seinen kräftigen Beinen entwickelt er geradezu eine mysteriöse Kraft. Nach der Arbeit ist er auffallend geduldig und friedfertig. Seine Arbeit ist ein wahrer Gewinn für die Menschheit.

Éric Collin [(30 ans)] et Tino [(TA)] dans les bois de Bertrix. L'étalon a glissé en tirant sur un sol gelé. Sans dommage heureusement, la neige ayant amorti sa chute.

Éric Collin [(30 jaar)] en Tino [(AT)] in de bossen van Bertrix. De hengst is uitgegleden terwijl hij op een bevroren grond aan het trekken was. Gelukkig zonder schade, want de sneeuw heeft zijn val gebroken.

Éric Collin [(30 Jahre)] und Tino [(AK)] in den Wäldern bei Bertrix. Der Hengst rutschte auf gefrorenem Boden aus. Glücklicherweise verlief dies ohne Schaden, denn der Schnee federte den unsanften Sturz ab.

« Je pense que la plupart des dépressions sont dues à une absence de passion personnelle. »
§ Raymond Nélisse PROPRIÉTAIRE DE FINA

1 | 2

1   Raymond Nélisse (55 ans) et Fina (TA) le jour de Noël 2003. Du fond des bois, accroché à son bon sens, Raymond se demande *comment font les gens des villes pour vivre*.

2   Fina attend Raymond. Par grand froid, les débardeurs alimentent le feu toute la journée afin de disposer d'une source de chaleur disponible au besoin.

1   Raymond Nélisse (55 jaar) en Fina (AT) op Kerstdag 2003. Ver in het bos, overtuigd van zijn gezond verstand en vastgehecht aan zijn trekpaard, vraagt Raymond zich af *hoe de mensen in de steden leven*.

2   Fina wacht op Raymond. Wanneer het heel koud is, houden de bosslepers heel de dag het vuur aan, zodat er een warmtebron is indien nodig.

1   Raymond Nélisse (55 Jahre) und Fina (AK) am Weihnachtstag 2003. In der Stille des Waldes und sein Pferd leitend, fragt sich Raymond, *wie halten die Städter das Leben nur aus?*

2   Fina wartet auf Raymond. Während großer Kälteperioden unterhalten die Holzrücker stets ein Feuer, um sich ab und zu daran erwärmen zu können.

1 | 2

1   Jean-Claude Louis (43 ans), Walter (TB) et Johnny (TA) durant la pause de midi à Hatrival près de Saint-Hubert.

2   Quand les mains de l'homme se meurent de froid, c'est la chaleur de la croupe du cheval qui leur redonne vie. Une fois encore, la bête sauve l'homme…

1   Jean-Claude Louis (43 jaar), Walter (BT) en Johnny (AT) tijdens de middagpauze dichtbij Hatrival nabij St-Hubert.

2   Wanneer de handen van de man bevriezen, geeft de warmte van het achterwerk van het paard hun een nieuw leven. Het dier redt nog maar eens de mens…

1   Jean-Claude Louis (43 Jahre), Walter (BK) und Johnny (AK) während der Mittagspause in Hatrival bei Saint-Hubert. Seinen Beruf bezeichnet er als lebendig.

2   Wenn die Hände steif vor Kälte sind, werden sie auf die Kruppe der Pferde gelegt. Das Tier hilft dem Menschen …

1 | 2

1. Grâce à la pause-cigarette, Raymond Nélisse (55 ans) donne à Fina le temps de se reposer. Paradoxalement, ce travail est une solitude où l'homme se sent rarement seul.

2. Au-dessus de Jalhay, en bordure des Hautes-Fagnes, Léon Burnotte (47 ans) et Gamin (TB) s'en retournent au camion. Une journée pénible passée à lutter contre le vent, la neige et le givre, éléments habitués à torturer tout ce qui vit en cette zone de landes et de tourbières.

1. Tijdens zijn sigarettenpauze geeft Raymond Nélisse (55 jaar) Fina de tijd om uit te rusten. Vreemd genoeg is dit werk een soort eenzaamheid waar de man zich zelden eenzaam voelt.

2. Aan de bovenkant van Jalhay, aan de rand van Hautes-Fagnes, keren Burnotte (47 jaar) en Gamin (BT) terug naar de vrachtwagen. Het was een harde dag; ze moesten vechten tegen de wind, de sneeuw en het ijs. Dingen die, in deze heides en venen, alles wat leeft kwellen.

1. Die Zigarettenpause von Raymond Nélisse (55 Jahre) nutzt auch Fina zur Erholung. Es klingt paradox: Bei der einsamen Arbeit im Wald fühlt sich der Holzrücker niemals allein!

2. Oberhalb von Jalhay, am Rande des Hohen Venns, bereiten Léon Burnotte (47 Jahre) und Gamin (BK) sich für die Heimreise mit dem Lastwagen vor. Ein harter Arbeitstag im permanenten Kampf gegen Wind, Schnee und Eis kann einen hier oben in Heide und Torf zum Umfallen müde machen.

130 §

Walter

Jean-Claude Louis [43 ans] (dit *Le Gros Louis*) et son fier Walter [TB]. Ce débardeur à l'enrobage prospère et au teint rubicond a des allures paradoxales. Il se montre aussi pataud d'apparence, quand il descend de son camion, qu'agile quand il swingue entre les arbres.

" Ik denk dat de meeste depressies voortkomen
uit een afwezigheid van een persoonlijke passie."

§ Raymond Nélisse BAAS VAN FINA

Jean-Claude Louis (43 jaar) (*De dikke Louis* genoemd) en zijn trots Walter (BT). Deze bossleper met een fors voorkomen en een rozige vacht is tegenstrijdig in zijn gedrag: klungelig wanneer hij uit zijn vrachtwagen stapt maar heel handig wanneer hij tussen de bomen maneuvreert.

Jean-Claude Louis (43 Jahre) (*der dicke Louis* genannt) und Walter (BK). Dieser Rotbraune hat ein widersprüchliches Gangverhalten: Beim Aussteigen aus dem Lastwagen ist er die Ungeschicklichkeit selber, aber auf dem Waldboden, swingt er geschickt zwischen den Bäumen und die Arbeit geht voran!

Pierrot

1 Fin de journée en bordure du parc naturel de l'Hertogenwald. Luc Mahon (46 ans) balaie la neige de la rampe du camion afin d'éviter une chute à son cher Pierrot (TA).

2 Michel Abinet (33 ans) ne débarde plus. À regret, il a quitté le métier. Parfois, quand le souvenir du bois le hante, il emprunte un cheval à un ami et y va de bon cœur.

1 Het einde van de dag aan het natuurpark van Hertogenwald. Luc Mahon (46 jaar) veegt de sneeuw van het platform van de vrachtwagen zodat zijn dierbare Pierrot (AT) niet zou vallen.

2 Michel Abinet (33 jaar) beoefent het bosslepen niet meer. Met spijt heeft hij afstand genomen van dit beroep. Soms, wanneer hij heimwee naar het bos heeft, leent hij een paard van een vriend en leeft hij zich uit.

1 Ende der Tagesarbeit: Luc Mahon (46 Jahre) kehrt den Schnee von der Aufstiegsrampe zum Lastwagen, um ein Ausgleiten seines geliebten Pierrot (AK) zu vermeiden.

2 Michel Abinet (33 Jahre) rückt kein Holz mehr. Er bedauert es heute, aber er hat sich von seinem Beruf verabschiedet. Wenn die Erinnerung ihn packt, leiht er sich ein Pferd bei einem Freund und zieht frohgemut zum Wald.

§ Remerciements

À mes parents, sans qui ce travail n'aurait jamais existé.

Aux familles Sacré de Journal et Jacqmain de Bertrix pour leur accueil et hébergement réguliers tout au long de ce travail. Pardon pour la boue et odeurs chevalines ramenées en votre maison chaque soir.

À Michel Villée, première personne à avoir dit : *Ouf-ti, que c'est beau !*, en découvrant les prémices de ce travail.

Aux amis qui m'ont encouragé au cours de ce travail : Ariane Magotteaux, Camila Da Silva, Carine Daenens, Christophe Delaude, Pierre Harzé et surtout Anne Decortis et Zhengyi Zhao.

À Jacques Archambeau, pour son aide particulière à point nommé.

À Zhengyi Zhao, Philippe Godin et Nathalie Waquet pour leur aide technique lors de la réalisation d'images nécessitant la présence de patients assistants (pages 58 et 64).

À Bruno Decock, qui m'a aidé à passer à l'ère du numérique.

À Pierre Kroll, Gino Russo et Jean Hanssens pour de petits coups de main.

À Roland Lepropre, extraordinaire convoyeur Bruxelles-Laboratoire Prodia. Merci à l'équipe de Nimy.

À Carol, pour tant de choses, mais surtout pour sa patience, alors que ce travail *n'en finissait jamais !*

À Philippe Deconninck, débardeur et éleveur de chevaux de trait belges à Arville. Première personne rencontrée lors de ce reportage, c'est la transmission de son savoir, de son amour du cheval et de son carnet d'adresses qui ont permis la réalisation de ce travail. Durant plusieurs mois, il en fut en quelque sorte le tuteur *scientifique*.

Aux quelques débardeurs qui m'ont invité à dormir chez eux : Jojo et Noël Nivarlet, Raymond Bodson, J.C Louis, Eric Collin. Même si je n'ai pas toujours répondu favorablement à leur invitation, cette marque de convivialité m'a touchée à chaque fois.

À Marc Mousny, président du CECD. pour son soutien, sa sympathie et son accueil aux concours de débardage.

À Yves Olivier, jury aux concours d'élevage, pour sa sympathie et ses explications.

À Maurice Dedobbeleer, président de la Société royale du cheval de Trait belge, pour sa documentation et son accueil aux concours d'élevage.

À Pierre Wolfs[1], chroniqueur équestre, pour le partage de ses connaissances.

À la famille Hick pour son accueil et sa chaleur humaine.

À Nathalie Collignon qui jadis m'enseigna tant de choses au sujet du cheval !

À Bernard Derenne, qui a consacré plusieurs journées à l'editing et qui m'a beaucoup encouragé, non seulement par amitié, mais surtout par conviction professionnelle.

À Wim Van Cappellen de l'Agence Reporters, sans qui la finalisation de ce livre aurait été impossible.

À Thierry Fiorilly et Catherine Degand du journal *Le Soir*, premiers professionnels à avoir été séduits par ce travail.

À Patrick Haumont de *La Libre Match* pour m'avoir offert ma première *belle et grande parution*.

À Pascale Meroz Quebatte de *L'Illustré* (CH) et Susan Glen du *The Independant on Sunday* (GB) pour leur jolies publications.

À Claudine Brasseur, Thierry Bellefroid pour leur attention.

À Xavier Canonne, directeur du Musée de la Photographie de Charleroi, pour son écoute et son intérêt.

À Marc Dausimont d'Aplanos, qui a mis au service de ce livre beaucoup plus que ses seules compétences de graphiste.

À Marcel Leroy et Philippe Deprez, journalistes ; Eric Bouvet et Joël Robine, photojournalistes. Plusieurs fois compagnons de route, ils sont pour moi des modèles, car dans leur technique et démarche professionnelles, l'humanité est toujours l'élément moteur.

À Madame Balfroid pour les corrections.

§ Danksagung

Meinen Eltern, ohne die dieses Buch niemals zustande gekommen wäre.

Den Familien Sacré in Journal und Jacqmain in Bertrix, für ihre freundliche Aufnahme und Gastfreundschaft während meiner Recherchen. Ich bitte um Verzeihung für den Schmutz und den Pferdegeruch, den ich allabendlich mit in ihr Haus gebracht habe.

Michel Villée, die Person die bei der Durchsicht meiner ersten Buchseiten sagte: *Oh, das ist aber schön!*

Den Freunden, die mir immer wieder Mut gemacht haben: Ariane Magotteaux, Camila Da Sylva, Carine Daenens, Christophe Delaude, Pierre Harzé, und ganz besonders Anne Decortis und Zhengyi Zhao.

Jacques Archambeau, für seine ganz besondere Hilfe.

Zhengyi Zhao, Philippe Godin und Nathalie Waquet für ihre technische Hilfe bei der Bebilderung und der geduldigen Assistenz. (Seiten 58 und 64)

Pierre Kroll, Gino Russo und Jean Hanssens für die vielen kleinen Hilfen.

Roland Lepropre, außergewöhnlicher Beifahrer, von Brüssel zum Labor Prodia.

Carol, für so vieles, aber ganz besonders für ihre Geduld, *da vorliegende Arbeit einfach kein Ende nahm!*

Philippe Deconninck, Holzrücker und Züchter von belgischen Kaltblutpferden in Arville. Er war die erste Person, die mir bei dieser Reportage begegnete. Sein Wissen, seine Liebe zu Pferden und seine Adressenkartei haben vorliegende Arbeit ermöglicht. Während mehrerer Monate war er in gewissem Sinne mein *wissenschaftlicher* Berater.

Einigen Holzrückern, die mich zur Übernachtung bei ihnen eingeladen haben: Jojo und Noel Nivarlet, Raymond Bodson, J.C. Louis, Eric Collin. Selbst wenn ich der Einladung nicht immer gefolgt bin, hat mich die herzliche Gastlichkeit jedes Mal berührt.

Marc Mousny, Vorsitzender des CECD, für seine Unterstützung, seine Sympathie und seinen Empfang bei den Holzrücker-meisterschaften.

Yves Olivier, Preisrichter bei den Zuchtwettbewerben, für seine Sympathie und seine Erläuterungen.

Maurice Dedobbeleer, Vorsitzender der Belgischen Gesellschaft der Kaltblutzucht, für seine Dokumentation und seinen Empfang anlässlich der Zuchtwettbewerbe.

Pierre Wolfs†, Pferde-Berichterstatter, der mir so vieles mitgeteilt hat.

Familie Hick für den liebenswürdigen Empfang und ihre Herzlichkeit.

Nathalie Collignon die mich früher so manches über Pferde gelehrt hat.

Bernard Derenne, der mehrere Tage für die Editierung der Bilder geopfert hat, und der mir immer wieder Mut gemacht hat, nicht allein aus Freundschaft, sondern aufgrund seiner professionellen Überzeugung.

Wim Van Cappellen von der Agentur Reporters. Ohne ihn wäre die Beendigung dieses Buches unmöglich gewesen.

Thierry Fiorilly und Catherine Degand von der Zeitung *Le Soir*. Die ersten Fachleute, die von meiner Arbeit begeistert waren.

Patrick Haumont von der *La Libre Match*, der mir meine erste Publikation geschenkt hat.

Pascale Meroz Quebatte von der *Illustre* (CH) und Susan Glen von der *Independant on Sunday* (GB) für ihre schönen Veröffentlichungen.

Claudine Brasseur und Thierry Bellefroid für ihre Aufmerksamkeiten.

Xavier Canonne, Direktor des Museums der Fotografie in Charleroi, für sein interessiertes Zuhören.

Marc Dausimont (Aplanos), der in dieses Buch mehr als nur seine rein grafischen Kenntnisse eingebracht hat.

Marcel Leroy und Philippe Deprez, Journalisten; Eric Bouvet und Joel Robine, Bildjournalisten. Sie haben mich mehrmals begleitet und sind für mich echte Vorbilder, denn in ihrer sachkundigen Arbeitsweise hat der Humanismus stets eine zentrale Stellung.